Männer, Speisen und Getränke

Manfred Otto

Männer, Speisen und Getränke

Kuriose Geschichten
zur kulinarischen
Geschichte

Lorch Verlag

CIP-Kurztitelaufnahme der Deutschen Bibliothek

Otto, Manfred:
Männer, Speisen und Getränke: Kuriose Geschichten zur kulinar. Geschichte / Manfred Otto. – Frankfurt am Main: Lorch-Verl. 1987.
ISBN 3-87496-041-2

Druck und buchb. Verarbeitung: Druckerei Parzeller.

Inhalt

Vorwort

Bedeutende Männer haben nicht nur Geschichte gemacht, sondern auch Gerichte; und es war der Name des römischen Feldherrn Lucius Licinus Lucullus, dessen eingedeutschte Form Lukull zum Synonym für den „Feinschmecker" wurde. Dabei fällt auf, daß viel öfter von einem Feinschmecker als von einer Feinschmeckerin gesprochen wird und daß auch das französische Wort hierfür, „Gourmet", männlichen Geschlechts ist.

Obwohl zumindest in unseren Gefilden jahrhundertelang fast ausschließlich die Frau am häuslichen Herd wirkte, ist meist vom Manne die Rede, wenn es um etwas Kulinarisches geht.

Wie erklärt sich, daß als Berühmtheiten der Gastronomie, also der sich öffentlich produzierenden Kochkunst, meist Männer in vieler Munde sind? Liegt es daran, daß das männliche Geschlecht tatsächlich das feinschmeckerische ist? Oder hat die, um mit Friedrich Schiller zu sprechen, „züchtig waltende Hausfrau" ihre Arbeit am stillen Herd stets ohne viel Aufhebens verrichtet, während die Männer die Gastronomie eroberten?

Auch in der Küchenliteratur ist das so. Angefangen mit dem Apicius-Kochbuch aus der römischen Kaiserzeit, über die Werke von großen Meistern der Kochkunst wie Marie Antoine Carême und Georges Auguste Escoffier, den Klassiker des feinen Geschmacks Jean Anthelme Brillat-Savarin, bis hin zum Papst der Neuen Küche Paul Bocuse, waren es fast immer Männer, die ihre bleibenden Spuren für die Nachwelt hinterlassen haben.

Wie dem auch sei: In dieser Sammlung wird gleichfalls vorwiegend von berühmten Männern die Rede sein, solchen, die zur kulinarischen Geschichte beigetragen haben, sich als besondere Liebhaber von Essen und Trinken erwiesen, die einen Teil ihrer Aufmerksamkeit dem genannten Thema gewidmet oder wenigstens ihren Namen für eine kulinarische Köstlichkeit hergegeben haben: Könige, Fürsten, Staatsmänner, Diplomaten, Militärs, Dichter, Komponisten, Schauspieler, Ärzte, Wissenschaftler und berühmte Köche aus vieler Herren Länder.

Doch es wäre falsch, die berühmt gewordenen Damen, die in der Gastronomie ihre Spuren hinterlassen haben, ganz zu ignorieren. Und so finden sich einige von ihnen in dieser Sammlung von Anekdoten und kulturhistorischen Miniaturen, von Katharina von Medici bis Nellie Melba.

Eine kleine Auswahl von Rezepten, die sich direkt oder indirekt auf hier genannte Personen bezieht, soll diese kleine Zusammenstellung von interessanten, lustigen und auch tragischen Begebenheiten ergänzen. Im ersten Kapitel sind sie der „Re quoqinaria“ des Römers Apicius entnommen.

Lukullisches aus dem Altertum

Zweifelhafter Ruhm – Gourmand nicht Gourmet

Aus verschiedenen Zeiten wird berichtet, daß es Personen gab, deren Appetit sagenhafte Ausmaße annahm. Besonders das Altertum gehört dazu. So wird von Milon von Kroton, dem berühmtesten Ringer der Antike, der zwischen 532 und 516 v. u. Z. sechsmal bei den Olympischen Spielen siegte, berichtet, daß er überdurchschnittliche Kraft besessen habe. Eine Legende besagt, daß er einen ganzen Ochsen verschlingen konnte.

Sein römischer Kollege Decimus Claudius Albinus liebte mehr die vegetarische Kost in großen Mengen. 500 Feigen, 100 Pfirsiche, zehn Melonen und 20 Pfund Weintrauben zu einer Mahlzeit zu verspeisen, so wird erzählt, seien für ihn keine Kunst gewesen. Als kleine Fleischzulage habe er außerdem noch 100 Schnepfen verzehrt. Ein recht zweifelhafter Ruhm.

APICIVS IN RE QVOQVINARIA.

APICIUS COELIUS IN RE QUOQINARIA ist der Originaltitel des Kochbuches aus der römischen Kaiserzeit.

Prunksüchtige Römer

Nicht nur mit raffinierten Speisen prahlten römische Kaiser und deren Vasallen bei ihren üppigen Gastmählern. Als besondere Geschenke ließ der kaiserliche Mitregent Verus seinen Gästen die goldenen Schüsseln einpacken, aus denen sie gespeist hatten, übereignete ihnen ihre Tischsklaven und vermachte ihnen die prächtigen Wagen samt Kutscher und Maultieren, mit denen sie heimgefahren worden waren.
Ein anschauliches Bild von den Prassereien in den vornehmen Kreisen der alten Römer verdanken wir dem Dichter Petronius, Kaiser Neros anerkannter Schiedsrichter des feinen Geschmacks. Um seinen Gästen zu imponieren und seinen Reichtum zur Schau zu stellen, veranstaltete der Emporkömmling Trimalchio, ein ehemaliger Sklave, einst ein kulinarisches Spektakel, das der Dichter wie folgt beschrieb:
„Auf einem großen Tablett wird ein Esel aus korinthischer Bronze hereingetragen, er ist bekränzt mit Girlanden aus grünen und schwarzen Oliven. Zu beiden Seiten des Esels befinden sich silberne Gefäße, in denen Haselmäuse liegen, in Honig getaucht und in Mohnsamen gerollt. Eine hölzerne Pfauenhenne wird hereingetragen, umgeben von

Huhn mit Kräutern

Brühe Küchenkräuter verschiedenster Art, gib ein junges Huhn hinein, würze, wenn es beliebt, mit Fischlake und Öl und lasse es kochen. Dann verreibe Fischlake mit etwas Pfeffer, einem Nardenblatt, mische ein ganzes Ei unter den Brei und verarbeite das Ganze.
Eine andere Sauce ist folgende: Verreibe Nardenblätter, soviel dem Geschmack entsprechen, mit einem Teil Kerbel, etwas Lorbeerbeere, 1/2 Kohlstengel und Blättern von frischem Koriander und löse die darin enthaltenen Säfte in einem in die glühende Asche gestellten Gefäß. Dann richte alles in einer Schüssel hübsch an, gib die Sauce darüber und trage es auf.

In Amsterdam erschien 1709 eine Ausgabe des Apicius-Kochbuches mit diesem Titelbild.

ihren ‚Eiern', die im Stroh um sie herumliegen. Die Eier sind in Wirklichkeit Pastetenschalen, in deren Inneren die Gäste delikat gewürzte Goldamseln finden. Danach wird eine riesige Wildsau tranchiert, und lebende Drosseln fliegen von der Platte auf."

Die Antike hatte ihre „Gurkenzeit"

Gurken, die sich in Mitteleuropa erst im 17. Jahrhundert verbreiteten, waren im alten Rom längst bekannt und sogar große Mode in der Küche. Kaiser Tiberius, der für seinen auserlesenen Geschmack bekannt war, ließ sich täglich frische Gurken servieren. Sein Beispiel machte Schule und beflügelte den Schriftsteller Plinius, die Salzgurke zu besingen. Der griechische Dichter Athenaios hielt es mehr mit würzigen Gurken, die unseren heutigen Senfgurken ähnelten. Die Antike hatte also im wahrsten Sinne des Wortes ihre Gurkenzeit.

Kaiserliche Delikatessen

Sehr von sich eingenommen war der römische Kaiser Heliogabal. Er hielt seine eigene Person für so etwas Kostbares, daß er glaubte, nur die ausgefallensten Speisen und die raffiniertesten Genüsse seien für ihn gut genug. Zu den Extravaganzen auf seiner Tafel gehörten Flamingozungen und Straußenhirn. Dafür wurden im Laufe der Zeit Tausende von Flamingos und Straußen in Afrika gejagt und nach Rom gebracht.

Heliogabal entdeckte auch den Pfau als erlesenen Leckerbissen, der allerdings den Herrschenden vorbehalten bleiben mußte. Besonders angetan war er von einem Ragout aus Hirn und Zunge des buntgefiederten Tieres mit dem langen Schwanz. In Spanien war Pfauenbraten später ebenfalls ein so aristokratisches Essen, daß man dem einfachen Volk verbot, davon auch nur zu probieren.

Regelrecht vernarrt in Pfauendelikatessen war Papst Leo X. Eines Tages geriet er in großen Zorn, weil sein Koch ihm ein in der Küche vorhandenes Pfauengericht unterschlagen hatte. Als man sich über den Wutausbruch des Heiligen Vaters aus solch nichtigem Anlaß wunderte, erklärte Leo X. schlagfertig: „Meiner Seel, ist der Herrgott wegen eines gestohlenen Apfels in Zorn geraten, so darf ich mich wohl wegen eines unterschlagenen Pfaues ereifern."

Geschmorte Fische

Du kannst Fische aller Art nehmen. Zunächst verreibe Pfeffer, Koriandersamen, Asant, Majoran, Raute, Most, Essig, Öl, Fischlake, eingekochten Wein, schütte diese Sauce in einen Kessel, setze sie aufs Feuer und lasse sie tüchtig einkochen. Dann gib die Fische hinein, lasse sie langsam gar schmoren und serviere sie, mit Pfeffer überstreut.

Du kannst die Sauce auch ohne Asant machen sowie ohne Majoran, Raute, Essig und Öl, gib dann aber Liebstöckel, Wein und Honig hinein und binde sie mit Reismehl.

Kleopatras teurer Schluck

Die mächtige ägyptische Herrscherin Kleopatra wettete einst bei einem Gastmahl mit ihrem römischen Geliebten Antonius, daß sie während des Essens ganz für sich allein zehn Millionen Sesterzen verbrauchen könne. Da Antonius das anzweifelte, nahm sie kurz entschlossen eine besonders wertvolle Perle aus ihrem rechten Ohrgehänge, warf sie in einen Becher mit Wein und schluckte sie, zusammen mit dem Rebensaft, hinunter. Damit war die teure Wette gewonnen.

Tafelrunde der Damen im alten Ägypten nach einer Wandmalerei in den Gräbern von Theben.

Der Wein und das Weib

Bei den alten Römern war es den Frauen streng verboten, Wein zu trinken. Wie streng die Sitten waren, hat uns der römische Geschichtsschreiber Valerius Maximus überliefert. Er schildert, daß der Staatsmann Metellus seine Frau tötete, weil sie von Wein gekostet hatte. Später wurde das Verbot etwas gelockert, und Frauen durften Wein, vermischt mit Wasser, trinken. Sie machten von ihrem neuen Recht bald so ausgiebig Gebrauch, daß sich der Philosoph Seneca mit folgenden Worten darüber beschwerte: „Unsere Frauen trinken mit männlicher Freiheit und durchwachen die Nächte mit gefüllten Bechern."

Römische Maße und Gewichte

1 Cyathum = 1/20 l
1 Quartarium = 3 Cyathi = 3/20 l
1 Scrupulum = 1,14 Gramm
1 Drachme = 4,36 Gramm
1 Uncia = 24 Scrupel = 27,36 Gramm

Eierkuchen mit Rosen

Von Rosenblättern entferne die unteren weißen Teile, gib sie in den Reibstein, gieße Lake dazu und verreibe. Dann mische diesen Brei mit 1/2 Cyathum Lake und treibe ihn durch ein Sieb. Nun putze vier Hirne, verreibe sie mit 8 Scrupeln Pfeffer, gib den Rosenbrei, acht verklopfte Eier, 1/2 Cyathum Wein und etwas Öl dazu, setze das Ganze in einer Pfanne auf heiße Asche, lasse es dick werden und serviere es mit Pfeffer bestreut.

Philosophische Argumente

Der griechische Philosoph Aristippos aus Kyrene pries die sinnlichen Genüsse als höchstes Lebensziel und gab sich selbst auch bei jeder Gelegenheit der Genußsucht hin. So lenkte er regelmäßig seine Schritte an die üppig gedeckte Tafel von Dionysios, dem Tyrannen von Syrakus, obwohl der Gastgeber versuchte, ihn von Zeit zu Zeit öffentlich zu beleidigen. Bei einem Gastmahl spuckte er Aristippos an und fragte dann scheinheilig, warum dieser sich das gefallen lasse.

„Wenn die Fischer es sich gefallen lassen, vom Meerwasser bespritzt zu werden, um einen Gründling zu fangen", antwortete Aristippos, „soll ich mich da nicht mit etwas Speichel bespritzen lassen, um zu einem ganzen Fischgericht zu kommen?"

Auch Aristippos selbst hielt eine reiche Tafel. Er scheute keine Mühe und gab viel Geld aus, um stets die besten Speisen auf den Tisch zu bringen. Einer seiner Schüler warf ihm deshalb Verschwendung vor. Aristippos fragte ihn, ob er sich all diese Speisen nicht auch kaufen würde, wenn sie nur drei Obolen kosteten. Natürlich, antwortete der Schüler. „Ich bin also nicht lustgieriger, als du geldgierig bist", entgegnete der Philosoph.

Schweineschulter mit Äpfeln

Koche den Vorderschinken zunächst mit reichlich Honig und gedörrten Feigen, dann entbeine ihn und brate das Fleisch, mit Honig bestrichen, in der Bratpfanne. Noch besser ist es, wenn du das Fleisch mit Honig und Mehl bestrichen in den Ofen schiebst. Sobald es anfängt sich zu bräunen, koche eine Sauce aus Rosinen, Pfeffer, Raute und ungemischtem Wein, gib dann die Hälfte nach und nach über den Braten, mit der anderen Hälfte übergieße in Stücke geschnittene Mostkuchen, die mit aufgetragen werden, und gib das, was nicht aufgesogen wird, auch noch zum Braten.

Mit Zepter, Krone und Degen bei Tisch

Geburtsstunde der Speisekarte

Die Geburtsstunde der Speisekarte liegt etwa im Jahr 200 u. Z.. Damals kam man auf die Idee, die Reihenfolge der Speisen auf einer Liste zu notieren, die der Gastgeber seinen Tischgenossen zu Beginn des Essens vorlas. Später ging diese praktische Erfindung wieder verloren, zum Glück nicht für alle Zeiten. Im Jahre 1489 erlebte der Speisezettel seine Wiedergeburt. Auf dem Reichstag zu Regensburg, so berichtet die Chronik, hatte Herzog Heinrich der Quade neben sich auf dem Tisch einen langen „Zedul" liegen, den er eifrig studierte. Sein Nebenmann, Graf Haug von Montfort, wurde neugierig.

„Also ließ ihn der Herzog die Zedul sehen. Darin hatt ihm der Küchenmeister alle Essen und Trachten in Ordnung aufgezeichnet, und kunnt sich also der Herr Herzog mit dem Essen darnach richten und synen Appetitom uff die besten Trachten sparen", heißt es in dem zeitgenössischen Bericht.

Fürstliche Hochzeitstafel im Spätmittelalter.

Echt schottischer Braten

König Edward IV. von England, der sich sehr für Essen und Trinken interessierte, hatte schon viel Gutes von einem Wildbraten, wie ihn die in den Bergen lebenden Schotten zubereiteten, gehört. Er wollte nun das Rezept genau ergründen und schickte Abgesandte aus, die der Sache an Ort und Stelle auf den Grund gehen sollten. Sie erlebten eine Überraschung:

Die Schotten walkten das Fleisch vom Wildbret einfach so lange zwischen zwei Knüppeln, bis alles Blut herausgepreßt war, dann verzehrten sie es roh.

Wie von Edwards Hof verlautete, wurde dieser echt schottische „Braten" an seiner Hoftafel nicht eingeführt.

Festmahl am Zarenhof

Zar Iwan der Schreckliche besaß einen kultivierten Geschmack, erfreute sich an Festen und Feierlichkeiten, an Musik und Schach, prächtigen Gewändern und gutem Essen und bemühte sich, seinen Adligen die rohe und ungehobelte Lebensweise abzugewöhnen.

Einmal lud er 300 Gäste zu einem Mahl ein, über das folgendes berichtet wurde: Zuerst gab es fünf Wildgerichte – gebratenen Pfau in vollem Gefieder, gewürzten Schwan, Kraniche mit Ingwer, Perlhühner mit Zimt und Ente in Rahm. Drei klare und drei angedickte Suppen folgten. Der Hauptgang bestand aus einem ganzen Kalb, einem ganzen Schaf, mehreren Rindervierteln sowie den Lendenstücken eines Bären und eines Rentiers. Als Nachtisch trugen die Bediensteten einen riesigen Pudding in Gestalt von Iwans Palast, dem Kreml, herein.

Die geladenen Adligen erfreuten sich zwar an dieser Pracht; kaum hatten sie aber dem Zarenhof den Rücken gekehrt, verfielen sie, sehr zum Leidwesen des Zaren, wieder in ihre rauhen Sitten.

Kniefall vor den hoheitlichen Hühnern

Seltsame Bräuche herrschten zum Teil am Hofe Ludwigs XIV. So mußten selbst die gebratenen Hühner, die der König täglich verspeiste, mit Ehrfurcht bedacht werden. Von zwei Wachsoldaten begleitet, wurde das zubereitete Geflügel in verschlossenen Körben von Küchenbediensteten zur Tafel getragen. Jeder, den dieser seltsame Zug in den Gemächern des Schlosses passierte, mußte sich vor den Hühnern des Königs ehrfurchtsvoll verneigen.

Hochzeit und Krönungsbankett

Anläßlich der Hochzeit von Georges de Ribeaupierre – die Burg Ribeaupierre im Elsaß war seit 1168 der Stammsitz dieses Geschlechts – mit Elisabeth von Halffenstein im Jahre 1543 wurde ein gewaltiges Festessen veranstaltet. Die Zahl der Gäste ist nicht überliefert, aber all das, was sie verzehrten: 9 Ochsen, 18 Kälber, 100 Spanferkel, 100 Rehböcke, 152 Kapaune, 200 Poularden, 120 Enten, 80 Gänse, 60 Rebhühner, 70 Schnepfen und 200 Stück anderes Wildbret hatte ein Heer von Köchen und Bediensteten zu auserlesenen Speisen verarbeitet und aufgetragen.

Ein anderes Beispiel läßt sich aus England berichten. Die Speisen, die beim Krönungsbankett für König Georg IV. von England aufgetragen wurden, hätten für die Bevölkerung einer ganzen Stadt ausgereicht. Zu den einzelnen Gängen gehörten 160 Schüsseln Suppe, 350 Zentner Rind-, Kalb- und Hammelfleisch, 160 Schüsseln Gemüse, 320 Fische, 240 Stück Großwild und mehr als 3000 Stück Geflügel. Zum Nachtisch gab es 1200 Pasteten, Gelees und Cremes, dazu 400 Melonen und zwischendurch für den Durst

100 Fässer Porter, fast 10 000 Flaschen Ale und Wein sowie 100 Gallonen Punsch.
Ganz anders sah das Mahl aus, das der König von Tunis im Jahre 1520 zu Ehren Karls V., Kaiser des Heiligen Römischen Reiches Deutscher Nation, anläßlich eines gemeinsamen Aufenthaltes in Neapel herrichten ließ. Es verwunderte allgemein, weil es aus nichts weiter als zwei Fasanen und einem Pfau bestand. Doch die Zutaten und die exotischen Gewürze, die man für die Füllung der Tiere und für die Zubereitung der Saucen brauchte, waren so kostbar, daß sie allein über 200 Dukaten gekostet hatten.
Wie der Historiker Montaigne berichtete, verbreitete alles einen wunderbaren Duft, der nicht nur den Speisesaal, sondern auch die Gänge und Gemächer des Palastes erfüllte. Das Ereignis mit dem exotischen Duft inspirierte den italienischen Dichter Berchet, es in Verse zu kleiden. In der Übersetzung heißt es:
„In Neapel bezahlte ein reicher Tyrann
hundert Dukaten für die Sauce von einem Fasan."

Eine Tafelgesellschaft in der Zeit des Rokoko nach einem Gemälde des Franzosen Jean François de Troy.

Die Medici und die französische Küche

Katharina von Medici aus dem namhaften Florentiner Patriziergeschlecht brachte nach ihrer Heirat mit Heinrich II., König von Frankreich, einen ganzen Stab ihrer eigenen Köche und eine neue Eßkultur mit an den französischen Königshof. Damit war der Grundstein für die Blütezeit der berühmten französischen Küche gelegt, die also eigentlich aus Italien stammt.

Vor Katharinas Zeit hatten die Damen des Hofes nicht mit an der königlichen Tafel gespeist. Katharina brachte sie wieder dorthin zurück, wo sie inmitten der goldenen und silbernen Tafelaufsätze Benvenuto Cellinis aus farbig lasierten Schüsseln aßen und Wein aus venezianischen Gläsern tranken.

Auch der Charakter der Speisen änderte sich unter der Medici. Anstelle riesiger Fleischstücken aß man nun vornehmer: Kalbshirn, Trüffeln, Tournedos, Artischocken, Parmesankäse, Geflügelquenelles, Eiskrem und andere Köstlichkeiten.

Tafelaufsatz von Benvenuto Cellini.

Goldgeschirr in den Tiber

Im Rom des 16. Jahrhunderts verbreitete sich die Kunde, daß im Palazzo Chigi, Domizil der fürstlichen Brüder und Finanzgewaltigen Chigi, die ausschweifenden Gelage des Lukull noch in den Schatten gestellt worden seien. Im Jahre 1599 dauerte eine solche Orgie mehr als sieben Stunden. Hunderte der besten Köche Italiens waren in jenen Tagen mit der Zubereitung der köstlichsten Speisen, deren Liste sich hier nicht aufzählen läßt, beschäftigt.
Beim Auftragen ging es Schlag auf Schlag, und zur allgemeinen Verwunderung der Gäste wurde das goldene Tafelgeschirr nach jedem Gang durch die Fenster in den Tiber geworfen und durch neues ersetzt. Die prunksüchtigen Brüder hatten allerdings im Fluß nicht sichtbare Netze aufspannen lassen und ließen im Morgengrauen, von Gästen und Passanten unbeobachtet, alles wieder herausziehen.

Köstliche „Ehrenjungfern“

König Heinrich VIII. von England war ein Genießer in vielfacher Hinsicht. Er liebte gutes Essen, geistige Getränke und amüsante Frauen, die aber meistens bald wieder in Ungnade fielen und manchmal auf seinen Befehl hin sogar ihr Leben lassen mußten.
Aber Anne Boleyn, zu jener Zeit Ehrenjungfer der Königin, ließ sich auch durch solche Aussichten nicht davon abhalten, nach der Liebesgunst des Königs zu trachten. Und da die Liebe bekanntlich durch den Magen geht, erfand sie köstliche Törtchen, die dem König vortrefflich mundeten. Auf diesem Wege wurde Anne Boleyn die langjährige Geliebte des Königs.
Übrigens bezeichnet man noch heute in England dieses Gebäck mit „Maids of honour“ (Ehrenjungfern).

Ehrenjungfern

Kleine Tortelettsförmchen mit Blätterteig auskleiden und eine Schicht Himbeermarmelade hineinstreichen. Einige Eigelb mit Puderzucker schaumig schlagen, nach und nach geriebene Mandeln, süße Sahne, etwas Mehl und Backpulver dazurühren. Diese Füllmasse auf die Marmelade geben, und nun die Törtchen bei etwa 200 Grad 20 Minuten backen. Inzwischen Eiweiß mit etwas Puderzucker steif schlagen. Den Eischnee auf die fast fertigen Törtchen streichen und noch zehn Minuten backen.

Seltsame Blumen aus Wien

Der polnische König Jan III. Sobieski, der im Jahre 1683 Wien von der türkischen Belagerung befreite, schickte von dort seiner Frau die ersten Kartoffeln nach Polen, die sie im Garten des Residenzschlosses Wilanów bei Warschau anpflanzen ließ. Die Königin konnte sich aber nicht genug wundern, warum ihr Mann ihr diese Knollen mit den merkwürdigen Blüten geschickt hatte; für Blumen waren ihr diese Pflanzen nicht schön genug.
Nach der Rückkehr des Königs kam es in Mode, Kartoffeln zu essen. Zwar waren die eingeladenen Gäste, hauptsächlich an Grütze gewöhnt, zuerst nicht sonderlich begeistert, aber nach und nach machte sich der Gaumen mit dem neuen Geschmack vertraut. Den Nutzen daraus zog der Schwiegersohn des Hofgärtners, der den Kartoffelanbau forcierte und damit sein Glück machte. Zu seinen Hauptkunden zählten die Angehörigen des Adels und prominente Würdenträger, die es ihrem Landesherrn gleichtun wollten.

Die Geburt des Rumkuchens

Der polnische König Stanislaw Leszczyński aß gern Napfkuchen, anderswo auch Guglhupf genannt. Als der Kuchen einmal zu trocken geraten war, beträufelte ihn der König mit Rum und bestreute ihn mit Zucker. Das wurde nun sein Lieblingskuchen, und in Anlehnung an den Helden aus 1001 Nacht nannte er ihn Ali Baba. Zu Beginn des 19. Jahrhunderts kam ein solcher Rumkuchen auch in Frankreich in Mode. Ein Pariser Bäcker ließ die Rosinen weg, gab dem Kuchen eine neue Form, verfeinerte ihn mit Schlagsahne und benannte ihn nach dem Feinschmekker Brillat-Savarin. Im Laufe der Zeit verschwand ein Teil des Namens, und so heißt dieses Gebäck, das sowohl zum Kaffee wie auch als Dessert serviert werden kann, nur noch Savarin.

Dessert Savarin

Aus Mehl, Butter, etwas Zucker, Hefe, einer Prise Salz, zwei Eiern und etwas lauwarmer Milch einen Savarinteig zubereiten, eine kleine Ringform halbvoll damit auslegen, aufgehen lassen und danach goldgelb backen. Den Kuchen auf eine Platte stürzen und gut mit Rumläuterzucker durchtränken, den inneren Ring mit Schlagsahne füllen und zuletzt mit Maraschinokirschen garnieren.

Chateaubriands Ruf

Der französische Schriftsteller Vicomte de Chateaubriand, der sich auch als Diplomat betätigte, hatte einen empfindlichen Magen. Darum war dessen Koch sehr um die Gesundheit seines Herrn besorgt und glaubte, er müsse ihm leicht bekömmliches Fleisch in großen Portionen vorsetzen.

Diesen Bemühungen entsprang ein doppeltes Rinderfilet, aus dem Mittelstück geschnitten, das, bei schwacher Hitze gebraten, innen noch rosa sein soll und mit gebackenen Kartoffeln, einer würzigen Buttermischung und zerkleinerter Brunnenkresse gereicht wird. Der besorgte Koch gab dem Gericht den Namen seines Herrn. Böse Zungen behaupten seitdem, daß Chateaubriand hierdurch mehr Ruhm zuteil geworden ist als für seine Werke als Schriftsteller.

Sandwich als Poker-Menü

Der 4. Earl of Sandwich John Montagu war ein leidenschaftlicher Kartenspieler, der oft 24 Stunden hintereinander mit Freunden pokerte. Während des Spiels wollte er nicht viel Zeit mit dem Essen verschwenden. Deshalb beauftragte er seinen Koch, jeweils zwischen zwei dünne Scheiben Brot Roastbeef oder Käse zu legen und dieses „Menü" durch den Diener an den Spieltisch bringen zu lassen, so daß er selbst sich weiter den Karten widmen konnte. Es kam wie von selbst, daß die Bediensteten des Earls diese Brote nach ihrem Herrn Sandwich nannten, und dabei ist es bis heute geblieben.

Überzeugender als Worte

Während seines Aufenthaltes in den Niederlanden geriet der russische Zar Peter der Große einmal mit holländischen Schiffskapitänen in einen heftigen Streit. Die weitgereisten Seeleute behaupteten, daß die Küche in Rußland nicht so schmackhaft und nahrhaft sei wie in ihrer eigenen Heimat.

Der russische Monarch führte sie daraufhin in die beste russische Gaststätte im Ort, die Schenke „Austeria“, und bewirtete sie dort mit köstlichen Bliny, die mit Wurst- und Schinkenscheiben, feingehackten hartgekochten Eiern und gedünsteten Zwiebeln gefüllt waren. Die in gußeisernen Pfannen ausgebackenen Plinsen sind ein russisches Nationalgericht.

Die holländischen Seeleute sagten kein Wort mehr gegen die russische Küche, denn diese Demonstration war überzeugender als viele Worte.

Peter der Große arbeitete während seines Aufenthaltes in den Niederlanden auch in einer Drechslerwerkstatt.

Mal Geist, mal Strenge

Der Philosoph und Schriftsteller Voltaire, ein Hauptvertreter der französischen Aufklärung, lebte bekanntlich von 1750 bis 1752 am Hofe des preußischen Königs Friedrich des Großen. Die beiden so grundverschiedenen Männer hatten trotzdem ein gutes Verhältnis zueinander. Einmal schickte der König an Voltaire ein Briefkärtchen mit folgendem

$$\text{Inhalt: } \frac{\text{P}}{\text{venez}} \text{ à } \frac{6}{100}$$

Voltaire entzifferte: „Venez sous p à cent sous six“ und kombinierte so: „Venez souper à Sanssouci“ (Kommen Sie zum Essen nach Sanssouci). Er antwortete kurz und bündig: „G. a.“ Friedrich II. wußte sofort Bescheid: „G grand a petit“ also „J'ai grand appetit“ (Ich habe großen Appetit).

Häufiger Gast von Friedrich dem Großen war der französische Philosoph Voltaire. Stich von Pierre-Charles Baquoy.

Mit dem Kaffee hielt es Friedrich der Große ganz verschieden. Während er selbst jeden Morgen acht bis zehn Tassen trank, im Laufe des Tages noch eine große Kanne verlangte und sich selbst auf kurzen Reisen, wie zwischen Potsdam und Berlin, von einem Kaffeekoch begleiten ließ, war seinem Volk der Kauf und Genuß von Kaffee verboten. In der „Vossischen Zeitung" Nr. 148 aus dem Jahre 1780 konnte man dazu lesen:

„Alle Töpfe, vornehme Tassen und gemeine Schälchen, Mühlen, Brennmaschinen, kurz alles, zu welchem das Beywort Kaffee zugesetzt werden kann, soll zerstört und zertrümmert werden, damit dessen Andenken unter unseren Mitgenossen zernichtet sey. Wer sich untersteht, Bohnen zu verkaufen, dem wird der ganze Vorrath confiscirt, und wer sich wieder Saufgeschirre dazu anschafft, kömmt in Karren."

Diese Repressalien bewirkten einen schwunghaften Handel und Schmuggel von Kaffee, der heimlich gebrannt wurde. Um seinen Drohungen Nachdruck zu verleihen, ließ der König Kriegsinvaliden als Kaffeeschnüffler ausbilden, die mit ihrer Nase von Haus zu Haus gingen, Schwarzbrenner aufspürten und an den Kadi auslieferten. So streng waren damals die Bräuche.

Starke Widerstände hatte der Preußenkönig zu überwinden, als er im Jahre 1750 den Kartoffelanbau, als Ersatz für das knapp gewordene Brot, in der Mark Brandenburg in großem Stil durchsetzen wollte. Seine Untertanen glaubten nicht daran, daß aus den fremden Knollen eine wohlschmeckende Frucht werde. Es war auch die Meinung verbreitet, daß die Kartoffeln zu Bäumen heranwachsen würden, von denen man die reifen Früchte abschütteln könne.
Andere glaubten, es sei besser, die Knollen auf einem Haufen einzugraben, wodurch sie sich aber dermaßen miteinander verflochten und nur spärlich wuchsen, so daß man nichts mit ihnen anfangen konnte.
Erst als Ratsdiener und Feldwächter damit begannen,

Aussaat und Ernte streng zu kontrollieren, wurden brauchbare Ernten erzielt. Die Kartoffel setzte sich nun durch und wurde ein beliebtes Nahrungsmittel in Preußen.

Der Braten an der Kette

Als der Fürst von Soubise Charles de Rohan, im Siebenjährigen Krieg Befehlshaber der französischen Truppen in der Schlacht bei Roßberg, nach der sich abzeichnenden Niederlage das Heil in der Flucht suchte, verirrte er sich mit seinen Begleitern in einem Wald. Erst gegen Abend erreichte man ein Forsthaus. Der Prinz, ein vorzüglicher Feinschmecker, war erschöpft auf einen Stuhl gesunken, da kroch ihm ein verlockender Bratenduft in die Nase. Die Förstersfrau briet nämlich einen Fasan, den ihr Mann nach der Heimkehr verzehren sollte. Der geschlagene Feldherr kaufte ihr den Braten ab und versicherte seinem Gefolge, daß er noch nie so einen ausgezeichneten Fasan gegessen habe.
Nach der Zubereitungsart befragt, sagte die Förstersfrau, da sie keinen Bratspieß habe, hinge sie den Fasan an einer Kette auf, um ihn über einem starken Holzkohlenfeuer zu braten. Butter werde dazu nicht gebraucht, das eigene Fett des Fasans genüge. Schließlich würden geröstete Zwiebeln auf Brotscheiben gerieben und die Stücke des Fasans darauf angerichtet.

Preußische Kavallerieattacke bei Roßbach. Gemälde von Karl Friedrich Becker

Nach der Rückkehr wegen seiner militärischen Niederlage bei Ludwig XV. in Ungnade gefallen, konnte der Fürst mit Hilfe der Madame de Pompadour, deren Günstling er war, sein ramponiertes Ansehen wieder aufpolieren. Dazu soll auch das Rezept der Förstersfrau für den Fasan ein wenig beigetragen haben.
Der Koch des Fürsten entwickelte aus den gerösteten, geriebenen Zwiebeln eine köstliche Zwiebelsauce für den Fasan und anderes Geflügel, die unter dem Namen Soubisesauce in die moderne Küchenliteratur eingegangen ist.

Sauce Soubise

Einige Zwiebeln in feine Scheiben schneiden, in Butter weich dünsten und durch ein Sieb passieren. Dieses Zwiebelpüree unter Bèchamelsauce ziehen, kurz aufkochen lassen, mit Zucker, Salz und weißem Pfeffer abschmecken. Durch die Zugabe von einem Stückchen frischer Butter wird der Geschmack noch verfeinert. Einen gegrillten Fasan zerteilen und mit der Sauce Soubise übergießen. Sie eignet sich auch für anderes Geflügel, Kalbsbrust oder Kalbsmedaillons.

Durch Speisen geehrte Damen

Rindsfiletwürfel à la Dubarry erinnern an die Comtesse du Barry. Ihr ursprünglicher Name lautete Jeanne Bécu, sie war Modistin und wurde dann die einflußreiche Geliebte Ludwigs XV. von Frankreich, setzte Minister ein und ab und verschwendete riesige Summen für ihre persönlichen Gelüste.
Ob der Monarch selbst seine Mätresse mit dem Namen eines feinen Gerichts ehren wollte oder ob sein Leibkoch dafür die Verantwortung trägt, ist nicht überliefert.

Ähnlich amourös gelagert war auch die Karriere der Britin Emma Lyon. Die ehrgeizige Dame avancierte von einer Schankmagd zur Ehefrau des englischen Gesandten in Neapel Lord Hamilton und wurde als Lady Hamilton bekannt. Später war sie, bis zu dessen Lebensende, die Geliebte des legendären britischen Admirals Nelson. Was Wunder, daß nach Lady Hamilton ein Fischgericht benannt worden ist: Seefischfilet, belegt mit Sardellenstreifen und Kräutersauce mit grünen Oliven.

Rinderfilet à la Dubarry

Rinderfilet in Würfel schneiden, wenige Minuten in zerlassener Butter braten und danach salzen und pfeffern. Inzwischen Blumenkohlröschen in Salzwasser, unter Zusatz einer Prise Muskat und etwas Butter nicht ganz weich kochen, abtropfen lassen, mit Semmelbrösel bestreuen und leicht überbacken. Filetwürfel mit Bratensaft und Blumenkohlröschen auf einer vorgewärmten Platte anrichten und mit Bèchamelsauce überziehen.

Das Huhn von Marengo

Im Unterschied zu vielen bedeutenden Männern aus Politik, Wissenschaft, Kultur und anderen Bereichen des öffentlichen Lebens, die sich auch am Kochtopf bewährt haben oder als Feinschmecker bekannt wurden, war Napoleon Bonaparte nichts von alledem. Er schlang das Essen wahllos hinunter, verstand nichts vom Wein und zeichnete sich durch ungehobelte Tischmanieren aus. Dennoch ist ein Gericht, wenn auch ungewollt, auf ihn zurückzuführen. Dazu kam es, als während der von Napoleon kommandierten Schlacht bei dem oberitalienischen Dörfchen

Marengo gegen die Österreicher am 14. Juni 1800 dem Küchenchef der Franzosen Dunant alle Lebensmittelvorräte verlorengegangen waren. Auf Befehl Napoleons wurden Soldaten ausgeschickt, die alles requirierten, was ihnen an Eßbarem unter die Finger kam. Alles landete dann gewissermaßen in einem Topf, und Dunant bereitete daraus eine köstliche Mahlzeit. Grundlage dieses aus der Not entstandenen Gerichts war Huhn in Weißwein.
Das Hühnergericht erhielt aber nicht Napoleons Namen, sondern den des erwähnten italienischen Dörfchens.

Die Schlacht von Marengo nach einem Stahlstich von A. Fleischmann.

Huhn Marengo

Ein zerteiltes Huhn mit Salz, Pfeffer und zerdrücktem Knoblauch einreiben, in Olivenöl von allen Seiten goldbraun braten und mit Weißwein ablöschen (auch Rotwein eignet sich). Champignons und geviertelte Tomaten, die vorher enthäutet wurden, hinzugeben und alles zusammen weich schmoren. Inzwischen Spiegeleier, in gewürztem Sud gekochte Krebse und geröstete Weißbrotscheiben zubereiten. Alles zusammen auf einer vorgewärmten Platte anrichten und mit gehackter Petersilie überstreuen. Dazu den Wein, der zum Ablöschen verwendet wurde, reichen.

Aus der Eile geboren

Friedrich von Holstein, der als „graue Eminenz“ in der Regierung Otto von Bismarcks bezeichnet wurde, speiste oft im Berliner Restaurant Borchardt in der Französischen Straße 45. Als Holstein einmal sehr in Eile war, servierte man ihm die bestellte Vorspeise und das Hauptgericht zusammen auf einer Platte. So entstand das Schnitzel à la Holstein, fälschlicherweise oft auch Holsteiner Schnitzel genannt. Aber mit der gleichnamigen Landschaft im Norden der Bundesrepublik hat es nichts zu tun.
Für das Gericht, das einen festen Platz auf den Speisekarten vieler Restaurants hat, wird ein Kalbsschnitzel mit einem Spiegelei und Kapern belegt, ringsherum legt man kleine dreieckige Weißbrotscheiben mit Ölsardinen, Lachs, Sardellenfilets und Kaviar. Dazu gibt es Bratkartoffeln, mit roten Beeten und sauren Gurken garniert.

Kulinarische Memoiren

Eine interessante Rezeptsammlung schrieb die Großmutter des Schriftstellers Theodor Fontane im Jahre 1795 nieder. Dieses Buch von Auguste Wilhelmine Friederique Charlotte Fontane erschien über 100 Jahre später unter dem Titel „Wie man in Berlin zur Zeit der Königin Louise kochte“. Zwei Schwestern des märkischen Dichterfürsten hatten die private Sammlung ihrer Großmutter vermarktet, indem sie es im Eigenverlag herausgaben und ein Vorwort dazu geschrieben haben.
Die Autorin sammelte und entwarf selbst Rezepte. Bei verschiedenen Gerichten kann man den Ursprung erkennen, weil auf andere Personen Bezug genommen wird. „Karpen wie sie der Koch bey Lützwitzens kocht“, „Eine sehr gute Mehlspeise von Tante Schreiber“, „Mehlspeise vom Wohlauer Koch“, „Kollatschen von der Rößlern“ oder „Sahne-Waffeln, so die Tante Bartholden anrühmet“ heißt es da.
Manche Gerichte muten heute allerdings etwas seltsam an, wenn man zum Beispiel unter dem Kapitel „Kuchen, Torten und anderes Gebäck“ von Reis-Torte, Schwartz-Brod-Torte, Torte von Ochsen-Marks und Gelbe Rüben-Torte liest.

Wie man in Berlin zur Zeit der Königin Luise kochte

Nach Aufzeichnungen der
F. C. Fontane geb. Werner

Berlin
Verlag von F. Fontane & Co.
·1903·

Ein Rezept im Staatsarchiv

In den Kriegswirren der ersten Hälfte des vergangenen Jahrhunderts erstattete Feldmarschall Radetzky in Wien einen Bericht, in dem er dem österreichischen Kaiser Franz Joseph I. nicht nur Informationen vom Kriegsschauplatz in Italien lieferte, sondern auch das Rezept für ein paniertes Schnitzel, das er in Mailand kennengelernt hatte. Dieses Rezept wird bis heute im Staatsarchiv in Wien aufbewahrt. Auf der Grundlage dieses Feldherrnberichts aus Italien bereitete der kaiserliche Oberhofkoch ein paniertes Schnitzel aus Kalbfleisch zu, das fortan den Namen „Wiener Schnitzel" trug.

Die Vergangenheit dieses Gerichts reicht jedoch bis in das Byzantinische Reich zurück. Die in das Land eingedrungenen Araber erlernten dort die Kunst des Panierens von Fleisch, und von ihnen übernahmen es die Spanier. Von der Iberischen Halbinsel gelangte die Paniermethode nach Italien, bis sie den oben beschriebenen Weg nach Wien nahm. Heute hat das „Wiener Schnitzel" einen festen Platz in der internationalen Gastronomie.

Die vor der Jahrhundertwende erscheinende Fachzeitschrift „Die Küche" war der Meinung, Wiener Schnitzel sei „das erdenklich beste Fleischgericht, das so duftet wie eine Blume, so schmackhaft ist wie eine Kirsche und so knusprig schmeckt wie eine frischgebackene Semmel". Allerdings müsse das Fleisch noch zart sein.
Folgt man den Aufzeichnungen internationaler Meisterköche, soll das Schnitzel – obwohl in reichlich Fett gebraten – so fettarm sein, daß es, wenn sich eine Dame im Seidenkleid darauf setzen würde, keinen Fettfleck hinterlassen dürfte. Das Geheimnis soll darin bestehen, das Fleisch sofort nach dem Panieren in sehr heißem Fett, von dem das Schnitzel völlig bedeckt sein muß, zu braten. Andernfalls wirkt die geriebene Semmel der Panade wie ein Löschblatt, das alles Fett gierig aufsaugt.

Liegt Teltow in Amerika?

Teltower Rübchen, früher eine geschätzte und verbreitete Gemüsedelikatesse, schmeckten auch den Parisern so gut, daß sie daraus eine Speise zum Dessert reichten und als etwas Exotisches betrachteten. Als einmal in großer Gesellschaft Teltower Rübchen serviert wurden, fragte der preußische General Graf Henckel von Donnersmark, wo denn dieses Teltow eigentlich zu finden sei.
Der für seine spitze Zunge bekannte Gastrosoph d'Algrefeuille antwortete wie aus der Pistole geschossen: „En Amerique!" (In Amerika!).

Von Forellenquintett bis Ochsenmenuett

Händel: Die Gesellschaft bin ich!

Der zu seiner Zeit in England hochgeachtete Komponist Georg Friedrich Händel zeichnete sich durch einen enormen Appetit aus, der im fortgeschrittenen Alter auch durch seinen gewaltigen Leibesumfang dokumentiert wurde. Der Musikschöpfer begründete seine kollosale Eßlust selbst damit, daß er sich als überdurchschnittlich arbeitender Mensch auch entsprechend körperlich stärken müsse. Welche Ausmaße das manchmal annahm, geht aus folgender Begebenheit hervor.
In einem bekannten Londoner Restaurant bestellte Händel ein komplettes Menü für mehrere Personen. Der Kellner gab die Bestellung an die Küche weiter, baute vor dem Gast eine große Tafel auf und wartete auf weitere Gäste. Händel, vom Hunger übermannt, fragte schließlich zornig den Kellner: „Worauf warten Sie eigentlich noch?"
„Auf die restliche Tischgesellschaft, Euer Gnaden", lautete die Antwort.
Händel stand auf und rief unüberhörbar in den Saal: „Die Gesellschaft bin ich!"

Schauplatz Lutter und Wegener

Zahlreiche Histörchen ranken sich um den Juristen, Komponisten und Schriftsteller E. T. A. Hoffmann und den Schauspieler Ludwig Devrient, die sich das Berliner Weinhaus Lutter und Wegener als Stammlokal auserkoren hatten. Hier diskutierten sie oft nächtelang mit Gleichgesinnten die Probleme ihrer Zeit. Aber auch manche humorvolle Begebenheit läßt sich vermelden.
Es geschah einmal, daß der Kellner die Rechnung brachte und von Hoffmann vier Flaschen Wein bezahlt haben wollte, worauf dieser entgegnete: „Vier Flaschen Wein? Ganz ausgeschlossen, in meinen Magen gehen ja nur drei!"
„Ganz recht, mein Herr", erwiderte der Ober, „deshalb ist Ihnen die vierte auch schon in den Kopf gestiegen!"

Brief von Hoffmann an Devrient

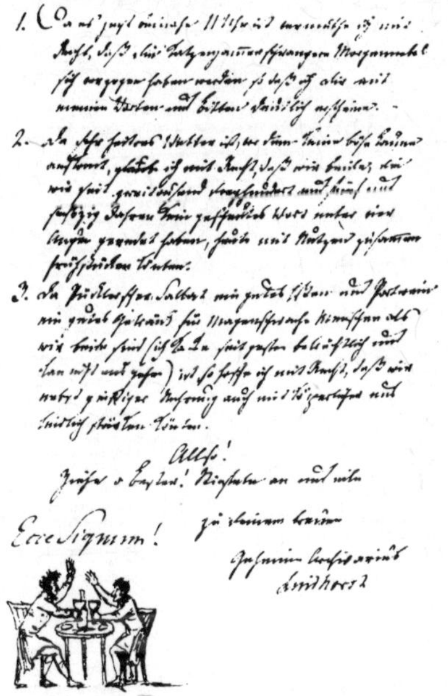
1. Da es jetzt beinahe 11 Uhr ist, vermute ich mit Recht, daß die katzenschwangeren Morgennebel sich verzogen haben werden, so daß ich Dir mit meinen Worten und Bitten deutlich erscheine. –
2. Da sehr heiteres Wetter ist, vor dem keine böse Laune aufkommt, glaube ich mit Recht, daß wir beide, die wir seit zweitausenddreihundertundfünfundsechzig Jahren kein gescheutes Wort unter vier Augen geredet haben, heute mit Nutzen zusammen frühstücken könnten.
3. Da Pücklerscher Salat ein gutes Essen und Portwein ein gutes Getränk für magenschwache Menschen, als wir beide sind (ich kacke seit gestern beträchtlich und kann nicht ausgehen), ist, so hoffe ich mit Recht, daß wir nebst geistiger Nahrung auch mit körperlicher uns leidlich stärken könnten.
Also!
Ziehe, o Bester! Stiefeln an und eile zu Deinem treuen Geheimen Archivarius Lindhorst
Ecce Signum!

1. Da es jetzt beinahe 11 Uhr ist, vermute ich mit Recht, daß die katzenschwangeren Morgennebel sich verzogen haben werden, so daß ich Dir mit meinen Worten und Bitten deutich erscheine. –

2. Da sehr heiteres Wetter ist, vor dem keine böse Laune aufkommt, glaube ich mit Recht, daß wir beide, die wir seit zweitausenddreihundertundfünfundsechzig Jahren kein gescheutes Wort unter vier Augen geredet haben, heute mit Nutzen zusammen frühstücken könnten.

3. Da Pücklerscher Salat ein gutes Essen und Portwein ein gutes Getränk für magenschwache Menschen, als wir beide sind (ich kacke seit gestern beträchtlich und kann nicht ausgehen), ist, so hoffe ich mit Recht, daß wir nebst geistiger Nahrung auch mit körperlicher uns leidlich stärken könnten.

Ecce Signum!

Also!
Ziehe, o Bester! Stiefeln an und eile
zu Deinem treuen
Geheimen Archivarius
Lindhorst

Eines Nachts betrat Devrient wie üblich die Weinstube und rief lautstark, sich ganz in der Rolle des eben noch gespielten Falstaff fühlend: „Bring mir Sekt, Bube!" Der Ober verstand sofort, was Devrient wollte, und brachte den gewohnten Schaumwein. Bei Shakespeare war ursprünglich mit dem Ruf nach einem „Secco" ein trockener Sherry gemeint, denn zu seinen Lebzeiten gab es in England noch keinen Schaumwein. Doch nach diesem Auftritt Devrients blieb der Name Sekt für Schaumwein und ging bald in den allgemeinen Sprachgebrauch über.
Doch auch dem Dichter Freiherr von Eichendorff und dem Komponisten Carl Maria von Weber wird nachgesagt, den Namen „Sekt" erfunden und weiterverbreitet zu haben. Allerdings verkehrten auch sie bei Lutter und Wegener.
Der Freundeskreis um das ungleiche Paar Hoffmann und Devrient sprach in dem genannten Weinhaus, neben anderen Getränken, auch häufig dem Punsch zu. Hoffmann, der wegen seiner spannenden Märchen und Spukgeschichten auch „Gespenster-Hoffmann" genannt wurde, braute sich öfters selbst einen kräftigen Punsch nach eigenem Rezept.

E.T.A. Hoffmann und Ludwig Devrient zu Gast in der Weinstube von Lutter und Wegener. *Aquarell von A. P. Lyser*

Und schließlich ist „in Berlin in Lutters Keller“ auch der Ort der Handlung des Vor- und Nachspiels von Offenbachs Oper „Hoffmanns Erzählungen“ nach mehreren Novellen von E. T. A. Hoffmann, eine gelungene Mischung von Phantastik und Realität. Auch der Schriftsteller Wilhelm Raabe siedelte einige der Handlungsstätten seiner Romane in dieser Weinstube an.

Punsch Gespenster-Hoffmann

Vorsichtig eine Flasche edlen Weinbrand, eine Flasche sehr süßen Dessertwein und eine Flasche roten Burgunder bis zum Sieden erhitzen, ein Weinglas voll Benedektiner oder einen anderen würzigen Kräuterlikör und ein kleines Glas Angostura-Bitter hineingießen. Einen besonders feinen Geschmack erhält der „Gespenster-Hoffmann“ noch durch die Zugabe von Sekt. Serviert wird das Ganze in hitzefesten Henkelgläsern.

Die schönsten Töne Rossinis

Der große italienische Komponist des 19. Jahrhunderts Giocchino Rossini war auch als ausgemachter Feinschmecker berühmt. Bei der Uraufführung seiner Oper „Der Barbier von Sevilla" gab es nur mäßigen Applaus. Rossini war entmutigt und trug sich mit dem Gedanken. das Komponieren aufzugeben. Doch sein Impressario lud ihn nach Neapel ein und ermutigte ihn, sich an ein neues Werk, die Oper „Othello", zu machen. Schon nach sechs Monaten sollte sie das Licht der Öffentlichkeit erblicken. Aber die Zeit verrann, Rossini ließ kein Bankett und keinen Ball aus, eine Woche vor der geplanten Uraufführung lag noch kein einziges Notenblatt auf dem Tisch.
Der Impressario griff zu drastischen Mitteln, er ließ Rossini einfach in seinem Zimmer einsprerren. Als einzige Nahrung erhielt der Komponist zwei Teller Makkaroni pro Tag, was für dessen verwöhnten Gaumen eine strenge Prüfung war. Doch der Erfolg ließ nicht lange auf sich warten, bereits nach 24 Stunden flatterte die Ouvertüre aus Rossinis Fenster, und „Othello" konnte rechtzeitig aufgeführt werden.

Bühnenbildentwurf von Karl Friedrich Schinkel zur Aufführung von Rossinis „Othello" im Berliner Opernhaus im Jahre 1821.

Die Mailänder Scala Ende des 18. Jahrhunderts. Für Rossini eine Stätte großer Triumphe und herber Enttäuschungen.

Schon im Alter von 36 Jahren zog er sich vom Musikschaffen zurück und lebte von den Einnahmen aus seinen früheren Werken. Eine seiner Hauptbeschäftigungen war fortan das „Komponieren" von kulinarischen Köstlichkeiten. Als er von einer leidenschaftlichen Verehrerin seiner Musik gefragt wurde, welche Töne er für die schönsten auf Erden halte, entgegnete Rossini: „Wenn der Braten in der Pfanne schmort und eine Weinflasche geöffnet wird."

Seine Geburtsstadt Pesaro veranstaltete im Jahre 1864 zu Rossinis Namenstag ein großes Festkonzert mit 205 Musikern und 225 Chorsängern und errichtete ihm, noch zu Lebzeiten, ein Denkmal. Der Komponist quittierte die Mitteilung darüber mit den Worten:
„Hätten sie mir doch lieber ein paar Schinken geschickt!"

Komponistenstreit um Makkaroni

Eine besondere Vorliebe hatte Rossini für Makkaroni und Spaghetti. Von ihm stammt der Ausdruck: „Damit die Makkaroni gut schmecken, benötigt man gute Teigwaren, sehr gute Butter, vorzügliche Tomatensauce und eine intelligente Person zum Kochen, Anmachen und Auftischen."

Einmal kam es sogar zu einem ernsten Streit zwischen ihm und seinem Musikerkollegen Niccolo Paganini. Rossini hatte behauptet, die besten Makkaroni kämen aus Neapel, wodurch sich sein aus Genua stammender Komponistenkollege schwer beleidigt fühlte. Erst bei einem gemeinsamen Abendessen anläßlich eines Besuches in Prag im Jahre 1825 wurde die Fehde beigelegt.
Paganini erklärte, daß die neapolitanischen Makkaroni mit Hühnerfleisch, wie sie Rossini mit goldenem Besteck zubereite, „göttlich" seien. Rossini revanchierte sich mit der Bemerkung, daß Ravioli aus Genua mit Gemüsefüllung und Pestosauce unübertroffen und eine Sinfonie wert seien.

Freunde und Bekannte hielten Rossini oftmals vor, daß er das Komponieren aufgegeben habe, um sich ganz der Kochkunst zu widmen. Einmal wurde er gefragt, ob ihm nicht manchmal die Tränen kämen, wenn er von den großen Erfolgen anderer Komponisten höre.
„Ich habe nur dreimal in meinem Leben geweint", entgegnete Rossini. „Das erste Mal, als der ‚Barbier von Sevilla' ausgepfiffen wurde, das zweite Mal, als ich den Komponisten Carafa eine Arie singen hörte, und das dritte Mal, als mir bei einer Bootsfahrt über den Comer See ein getrüffelter Truthahn ins Wasser gefallen ist."

Bei einer reichen, aber geizigen Engländerin, die dafür bekannt war, daß sie ihren Salon gern mit angesehenen Persönlichkeiten schmückte, war Rossini zum Essen eingeladen worden. Der Meister war üppige Mahlzeiten ge-

wohnt, und so gefielen ihm die dort gereichten schmalen Portionen überhaupt nicht. Am Schluß verabschiedete sich die Dame des Hauses liebenswürdig mit den Worten: „Meister, ich hoffe, Sie machen mir das Vergnügen, bald wieder einmal bei mir zu speisen."
Rossini erwiderte sarkastisch: „Wenn es Ihnen recht ist, Madame, sofort."

Einen beträchtlichen Teil seines Lebens verbrachte der gefeierte Komponist in Paris. Eines Tages schloß er dort mit einem alten Bekannten eine Wette ab. Dem Gewinner winkte ein Truthahn, der gemeinsam verspeist werden sollte. Rossini gewann und wartete nun geduldig auf die Einladung. Der Freund ließ damit lange auf sich warten und mußte schließlich gemahnt werden. Seine Antwort lautete, daß er erfahren habe, die Trüffel für den Truthahn hätten noch nicht die richtige Reife und deshalb auch nicht das wünschenswerte Aroma.
Rossini schrieb postwendend zurück: „Lieber Freund, dieses Gerücht haben die Truthähne ausgestreut. Lassen Sie sich dadurch nicht irreführen!"
Schon am nächsten Tag wurde das Festessen angesetzt.

Tournedos à la Rossini

Runde, etwa vier bis fünf Zentimeter dicke, Scheiben vom Rinderfilet schneiden, mit dem Handballen leicht breit drücken und jeweils mit einem Faden umbinden, damit sie ihre runde Form behalten. In ausgelassener Butter von beiden Seiten je vier Minuten braten, danach salzen. Den Bratensatz mit etwas Weißwein ablöschen und für ein wenig Sauce verwenden. Die Tournedos werden mit in Butter gebratenen Gänseleberscheiben und Scheiben von in Butter gedünsteten weißen Trüffeln belegt. An Stelle von Trüffelscheiben verwendete Rossini selbst manchmal auch gebutterte Spargelspitzen. Angerichtet werden die Tournedos auf Weißbrot-Croutons.

In einem Pariser Restaurant bestellte Rossini einen Hummer. Wie es die gastronomischen Sitten vorschreiben, zeigte ihm der Kellner vorher den Hummer lebend. Der Komponist beanstandete, daß dem Tier eine Schere fehle. Diese habe er im Kampf mit einem Gegner verloren, erwiderte der Kellner. „Dann bringen Sie mir den Sieger“, lautete die schlagfertige Antwort.

Von Rossinis goldigem Humor zeugt auch diese Begebenheit. Von Baron Rothschild, der ihn verehrte, bekam der Komponist einen Korb mit den besten Trauben aus dessen Weingut übersandt. Der Meister nahm das Geschenk zwar an, schrieb jedoch: „Vielen Dank, mein lieber Baron. Ihre Trauben sind vorzüglich. Aber ich genieße den Wein eigentlich nie in Pillenform.“

Das Souper ist bezahlt

Der ungarische Komponist und Pianist Franz Liszt war in ein reiches Haus zum Abendessen eingeladen. Unmittelbar nach dem reichhaltigen Mahl rückte der Hausherr einen Stuhl an den Flügel und, ohne den Gast zu fragen, verlangte er in einem Ton, der keinen Widerspruch duldete: „Herr Liszt, Sie spielen uns ein bißchen vor!“
Der Meister blieb freundlich, ging ans Instrument, ließ die Finger zu einem prächtigen Konzert über die Tasten gleiten und schloß dann den Deckel mit den Worten: „Das Souper ist bezahlt!“

Die Pastete genügt

Hector Berlioz, der größte französische Komponist des vorigen Jahrhunderts, gab nicht gerne Autogramme. Deshalb versuchten seine Verehrer vielfältige Methoden, unter anderem auch auf brieflichem Wege, um in den Besitz seiner Unterschrift zu kommen.
So unterbreitete ihm einmal eine bekannte Sängerin das Angebot, daß sie ihm für ein Autogramm eine köstliche Pastete und außerdem noch einen Kuß schenken werde. Berlioz überlegte nicht lange und schrieb eine kurze Antwort:

„Schicken Sie die Pastete"

Brahms oder Beethoven?

Johannes Brahms wurde während seines Aufenthaltes in Frankfurt am Main von dem Bankier Ladenburg, der als großer Kunstliebhaber bekannt war, eingeladen. Als der Komponist zum Abendessen erschien, wartete schon eine Batterie verstaubter Weinflaschen auf dem Tisch.
Nachdem Brahms es sich gemütlich gemacht hatte, ergriff der Hausherr das Wort zu einer wohlwollenden Begrüßungsrede! „Mein lieber Herr Doktor, ich rechne es mir zur hohen Ehre an, daß Sie heute erschienen sind. In An-

betracht der Feierlichkeit dieser Stunde habe ich aus meinem Weinkeller die hervorragenste Marke heraufholen lassen. Probieren Sie! – Es ist der Brahms unter meinen Weinen."
Der große Musiker nahm sein Glas in die Hand, probierte lange und bedächtig, räusperte sich und sagte: „Gut! Sehr nett! Aber wenn das Ihr Brahms unter den Weinen ist, dann lassen Sie lieber den Beethoven heraufholen!"

Johannes Brahms und Anton Bruckner, die sich im persönlichen Leben lieber mieden, wurden von einem Musikliebhaber, der sie beide verehrte, in einem gemütlichen Gasthaus an einen Tisch gebracht. Nach einer kühlen Begrüßung studierte Bruckner eingehend die Speisekarte und bestellte Leberknödel mit Kraut. Brahms schloß sich dieser Bestellung an, worauf Bruckner lächelnd meinte: „Sehn's Herr Doktor, das ist doch ein Thema, wo wir uns endlich mal sofort verstehen."

Bei seinen ausgedehnten Spaziergängen in den Wäldern im Süden Wiens, kehrte Johannes Brahms in ein Waldgasthaus ein, um einen schwarzen Kaffee zu trinken. Er verabscheute jedoch den Geschmack von Zichorie, mit der man damals aus Sparsamkeitsgründen häufig den Kaffee „streckte". Brahms fragte deshalb die Wirtin: „Gute Frau, haben Sie Zichorie im Hause?" Als diese bejahte, bat er darum, die Zichorie einmal sehen zu dürfen. Als die Wirtin mit zwei Päckchen erschien, steckte Brahms sie ein und sagte:
„Bereiten Sie mir nun bitte einen schwarzen Kaffee. Ihre Zichorie werden ich Ihnen danach zurückgeben." Die Wirtin war verblüfft, aber Brahms bekam seinen Kaffee wie gewünscht.

Wieder einmal wurde Brahms zu einem Abendessen eingeladen. Die Tafel war reichlich gedeckt, es gab Köstlichkeiten vom Rind, Schwein und Huhn. Nachdem der Tonschöpfer ausgiebig gespeist hatte, spielte ihm die Tochter des Hauses, gewissermaßen als Nachtisch, etwas von Beethoven, Mozart und auch Brahms vor. Neugierig fragte die Hausfrau anschließend, welches Stück ihm am besten gefallen habe. Brahms antwortete kurz und bündig:
„Das Stück vom Rind!"

Wink mit dem Zaunpfahl

Max Reger spielte in einem Hamburger Konzert mit großem Erfolg den Klavierpart in Schuberts Forellenquintett. Am nächsten Tag erhielt er, zusammen mit einem Gefäß, den Brief einer Verehrerin, in dem sie schrieb, sie habe sich erlaubt, ihm in tiefer Dankbarkeit fünf lebende, wunderschöne Forellen zu übersenden.
Reger bedankte sich ausgesprochen herzlich für das unerwartete Geschenk und fügte hinzu:
„Verehrte gnädige Frau, ich möchte Sie darauf aufmerksam machen, daß ich in wenigen Tagen bei meinem nächsten Konzert das Ochsenmenuett von Haydn spiele."

Es geschah nicht selten, daß Max Reger in seiner Zeit als Hofkapellmeister zu Meiningen nach einem Konzert in ein kleines Lokal der damaligen Residenzstadt ging. Die Bestellung lautete fast immer:
„Herr Ober, jetzt bringen Sie mir zwei Stunden lang Beefsteak."

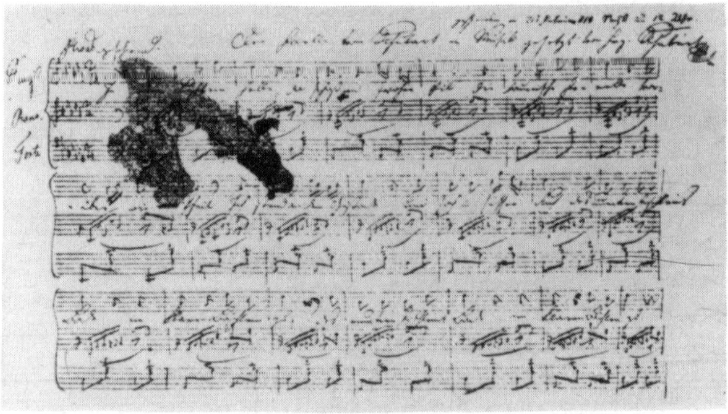

Ein Stück der Urschrift des „Forellenquintetts" von Franz Schubert. Auch der Tintenfleck stammt von der Hand des Komponisten.

Forelle auf Maconer Art

Vier mittelgroße Forellen in Rotwein kurz aufwallen und langsam garziehen lassen, herausnehmen und warmstellen, dem Rotweinfond etwas Fleischbrühe hinzufügen und einkochen lassen. Inzwischen aus Butter und Mehl eine helle Schwitze bereiten und mit der Flüssigkeit ablöschen, mit Salz und Pfeffer abschmecken, mit frischer Butter aufschlagen und über die Forellen gießen. Dazu gibt es gedünstete Champignons, hell glasierte Zwiebelscheiben und Salzkartoffeln als Beilagen. Alles zusammen mit reichlich Petersilie garnieren.

Vegetarischer Disput

Durch Witz und Schlagfertigkeit zeichnete sich die Schauspielerin Adele Sandrock, eine der großen Charakterdarstellerinnen ihrer Zeit, aus. Außerdem liebte sie die kulinarischen Genüsse ganz besonders. Bei einem festlichen Essen, ihr zu Ehren, gab es einmal Hühnerbrüstchen mit Lebersauce, Spargel und Butterreis. Einen Berufskollegen, der, neben ihr sitzend, den Leckerbissen verschmähte, fragte Adele Sandrock, ob er denn schon satt sei. Dieser entrüstete sich:

„Aber nein! Ich bin nur überzeugter Vegetarier und möchte länger leben." Darauf die Sandrock prompt: „Das ist mir unbegreiflich. Für Sie als Vegetarier müßte es doch eine Lust sein, ins Gras zu beißen!"

Doch ungeachtet dieses Disputs: Man benannte Hühnerbrüstchen dieser Art später nach Adele Sandrock.

Geistige Kost und Gaumenkitzel

Casanova liebte nicht nur Frauen

Der italienische Abenteurer und Schriftsteller Giacomo Girolamo Casanova, der sich selbst zum Chevalier de Seingalt ernannte, geistert durch die Weltliteratur als galanter Liebhaber, aber auch als ausgesprochener Feinschmecker, was die kulinarischen Genüsse betrifft. Wie eng beides für ihn beieinander lag, hat er mehrmals mit Sätzen wie diesen beschrieben:
„Den Freuden meiner Sinne galt mein Leben lang mein Hauptstreben; etwas Wichtigeres gab es für mich niemals. Da ich mich für das andere Geschlecht geboren fühlte, habe ich stets geliebt und alles darangesetzt, seine Liebe zu gewinnen. Ich liebte auch mit Hingabe eine gute Tafel und überhaupt alles, was meine Neugier erregt."

Im böhmischen Schloß Duchcov (Dux) verbrachte Casanova seinen Lebensabend, heute ist hier das einzige Casanova-Museum der Welt.

In seinen Memoiren hat Casanova eine Fülle an gastronomischen Details hinterlassen, auch den Hinweis, daß er sich jahrelang mit dem ehrgeizigen Vorhaben eines Käselexikons beschäftigt, den Plan aber später aufgegeben hat. Seine Reiseberichte enthalten verschiedene Schilderungen, wie Käse in der jeweiligen Gegend von den Bauern hergestellt wurde. Von dem galanten Mann stammt auch die Behauptung, daß Käse am Herstellungsort stets am besten schmeckt.

Als nationalbewußer Italiener hatte er auch eine besondere Vorliebe für Makkaroni. In Chioggia bei Venedig verfaßte er ein Gedicht auf diese Teigware und trug es selbst vor. Die dankbaren Einwohner kürten ihn zum Fürsten der Makkaroni.

Doch verewigt wurde der Name Casanova in der Gastronomie nicht durch Käse oder Makkaroni. Im Schloß von Duchcov (Dux) in der Tschechoslowakei erfand er selbst den „Casanovasalat“ bei der Vorbereitung auf ein galantes Treffen. Hier befindet sich das einzige Casanova-Museum der Welt. Ein Fischgericht in Weißweinsauce wurde ebenfalls nach ihm benannt.

Casanovasalat

Da Eiern und Sellerie Wunderwirkungen in Liebesdingen nachgesagt werden, eine Knolle Sellerie in Streifen und weiße Trüffel oder Champignons in feine Scheiben schneiden, mit Eiklar und Senfmayonnaise verrühren. Hartgekochtes Eigelb feinhacken und auf den Salat streuen. Zur Garnierung feingehackte Brunnenkresse verwenden. Eine Garantie für die erhoffte Wirkung kann allerdings nicht übernommen werden.

Gewissensfrage von Diderot

Denis Diderot, der bekannte französische Philosoph und Dichter, liebte gute und reichhaltige Mahlzeiten, obwohl er einen beachtlichen Bauch bekam und öfter an Magenerkrankungen und anderem Unwohlsein litt, die durch das Essen hervorgerufen wurden. Seine Bekannten hielten ihm deshalb wiederholt vor, er müsse als Philosoph von Philosophen lernen. Schon Diogenes habe Enthaltsamkeit im Essen und Trinken gelehrt und selbst in aller Öffentlichkeit praktiziert.

„Das Problem ist nur", entgegnete Diderot, „ob Diogenes das auch gelehrt haben würde, wenn er statt in einem Faß bei Baron Holbach gewohnt und anstatt Kraut diese herrlichen Aale, diese zarten Rebhühner, diese köstlichen Saucen, diese süßen Rosinenkuchen und den Rosé von Tavel gekannt hätte."

Nach dieser Gewissensfrage verstummten selbst die ärgsten Kritiker Diderots.

So sah eine Küche im 15. Jahrhundert aus.

Spargel in Öl oder Butter?

Das Lieblingsgericht des französischen Schriftstellers Bernard de Fontenelle war Spargel in Öl. Wenn jedoch der Abbé Terasson, ein Freund des Hauses, bei ihm zu Besuch war und mit ihm speisen wollte, ließ der Gastgeber ihm zu Ehren die Hälfte des Spargels in Butter zubereiten, weil der Abbé diese Art bevorzugte. So geschah es auch bei einem Besuch, der hier beschrieben wird. Bevor das Essen aufgetragen werden konnte, erlitt Terasson aber einen Schlaganfall.
Fontenelle sprang eilig vom Tisch auf, lief, alle Pietät vergessend, schleunigst in die Küche und rief seinem Koch zu:
„Alle Spargel in Öl!"

Die Köchin rettete den Faust

Mit dem umfangreichen Stoff zum „Faust" beschäftigte sich Johann Wolfgang von Goethe vier Jahrzehnte. Als er im Jahre 1831 das Manuskript wieder einmal zur Hand nahm, wollte die Arbeit nicht so recht vorangehen, denn im Hause des Dichters gab es Personalschwierigkeiten, die ihm aufs Gemüt schlugen, weil sie eine empfindliche Stelle trafen.
Goethe hatte das Wort geprägt: „Wenn ihr gegessen und getrunken habt, seid ihr wie neu geboren; seid stärker, mutiger, geschickter zu eurem Geschäft." Und ausgerechnet ihm fehlte eine gute Köchin.
Der Dichter teilte deshalb allen Freunden mit, daß er die Arbeit erst fortsetzen könne, wenn er ein entsprechendes dienstbares Wesen gefunden habe. Die Nachwelt kennt das Ergebnis.

Von Zeit zu Zeit besuchte Goethe ein kleines Gasthaus, in dem er regelmäßig ein Glas Wein, verdünnt mit etwas Wasser, trank.
Einmal machten sich am Nebentisch sitzende Studenten über diese Gewohnheit Goethes lustig.

Faust und Mephisto als Bronzegruppe vor dem Eingang von Auerbachs Keller in Leipzig.

Bevor der Dichter das Gasthaus verließ, blieb er an ihrem Tisch stehen und sagte zu ihnen: „Wasser allein macht stumm, das beweisen im Wasser die Fische, Wein allein macht dumm, das beweisen die Herren am Tische. Darum, um keines von beiden zu sein, trinke ich mit Wasser gemischt den Wein."

Zuweilen fuhr Goethe nach Tiefurt, vor den Toren Weimars, um bei der Herzogin Anna Amalia zu Mittag zu essen. Für den Koch der Herzogin war Sauerkraut die größte Delikatesse, die bei den Besuchen Goethes auch prompt auf den Tisch kam. Der machte sich aber gar nichts daraus.
Nachdem er wieder einmal Sauerkraut hatte zu sich nehmen müssen, entschuldigte er sich und ging in ein Nebenzimmer. Dort las er einige Zeilen in einem aufgeschlagen daliegenden Buch. Nach seiner Rückkehr murmelte Goethe: „Das ist zu arg. Erst Sauerkraut und dann fünfzehn Seiten Jean Paul! Das halte aus, wer will, ich nicht!"

Goethe weilte in seinem Leben nur ein einziges Mal in Berlin. Dabei lernte er Teltower Rübchen kennen, erkor sie zu seinem Lieblingsgemüse und ließ sich fortan von seinem Freund Carl Friedrich Zelter in regelmäßigen Abständen eine Sendung mit der Postkutsche nach Weimar schicken.
Im „Universal-Lexikon der Kochkunst" von 1889 ist zu lesen: „Eine berühmte Zuchtform der weißen Rüben, die in den Sandböden der Mark Brandenburg angebaut wird (märkische Rübe). Die winzigen, meist braunen, würzig-süßen Wurzeln gelten als Gemüsedelikatesse." Das ganze Geheimnis der Winzigkeit bestand darin, daß die Rüben im kargen Sandboden nicht besser gediehen, dafür aber einen zarten Geschmack aufweisen.

Das Goethe-Gartenhaus im Weimarer Ilmpark

Schaschlyk vom Ladestock

Alexandre Dumas der Ältere ist weithin bekannt als geistiger Vater der „Drei Musketiere". Doch von ihm stammt auch der Ausspruch: „Die feine Küche hat ihre eigenen Gesetze." Er mußte es wissen, denn er war ein leidenschaftlicher und fabelhafter Koch. Dazu wurde Dumas unter anderem auf seinen zahlreichen Reisen inspiriert.
Nach einem ausgedehnten Besuch im Kaukasus im Jahre 1858 beschrieb Dumas ausführlich die Zubereitung von Schaschlyk und gab dabei folgenden, etwas ausgefallenen Hinweis: „Ist kein Bratspieß vorhanden, kann er ohne weiteres durch einen Ladestock ersetzt werden. Der Ladestock meines Karabiners dient mir ständig als Bratspieß, und diese für ihn erniedrigende Funktion tut meiner Waffe keinen Abbruch."
Übrigens hat Alexandre Dumas das Schaschlyk in seinem kulinarischen Lebenswerk „Großes Kochbuch" festgehalten.

Kaukasischer Schaschlyk

Das Filet oder ein anderes Stück schieres Fleisch vom Hammel in Würfel schneiden. Aus dem Fruchtfleisch und dem Saft von Zitronen, gehackten Zwiebeln, Salz, Pfeffer, zerstoßenen Pimentkörnern und Gewürznelken, Koriander, Salbei, Dill und Weinbrand eine Marinade bereiten, das Fleisch einen Tag darin einlegen und zwischendurch von Zeit zu Zeit etwas wenden. Nun die Fleischwürfel abwechselnd mit Hammelfettstücken auf Spieße stecken und über schwachem Holzkohlenfeuer braten. Mit etwas Pfeffer und Salz würzen. Dazu wird frisches Weißbrot gereicht.

Da der Schriftsteller gern aß und trank, war er ein Mann von beträchtlicher Leibesfülle. Als er sich eines Tages bei seinem Arzt über Magenbeschwerden beklagte, verordnete ihm dieser, täglich einen Apfel zu essen, aber direkt unter dem berühmten Bauwerk „Arc de triomphe". Dumas befolgte gewissenhaft diesen Ratschlag und war sichtlich beeindruckt von dem Erfolg.
„Ein Wunder ist geschehen", sagte er zu seinem Arzt. Dieser schmunzelte, weil ihm die List, Dumas auf diese Weise einen täglichen Spaziergang durch Paris zu verordnen, geglückt war und das Wohlbefinden des gehorsamen Patienten sich sichtlich gesteigert hatte.

Ein Russe verehrte Makkaroni

Eine Vorliebe für gute Küche besaß der russische Dichter Nikolai Gogol. Deshalb brachte er seine Romanhelden gerne in Verbindung mit Spezialitäten der russischen Küche. In einem alten Kochbuch aus Petersburg fand er das Rezept für eines der bekanntesten russischen Nationalgerichte, die Kulebjaka. Es gefiel ihm so gut, daß er es in der Literatur verewigte.
So bestellte eine seiner Romanfiguren, der Gutsbesitzer Petuch, die Kulebjaka bei seinem Koch mit folgenden Worten: „Pastete bäckst du mir mit vier Ecken. In die eine Ecke tust du mir ein Stück vom Stör und gedörrte Rückenschnen vom Hausen, in die anderen Buchweizengrütze mit Pilzen, Zwiebeln, süßen Rahm und was du sonst noch so weißt... Auf der einen Seite muß sie schön braun werden, auf der anderen darf sie heller sein. Unten aber muß sie so durchgebacken sein, daß sie nicht auseinanderfällt. Und sie soll im Munde zergehen, ohne daß man es merkt!"

Eine Zeitlang lebte Gogol in Rom, wo er seinen Roman „Die toten Seelen" schrieb. Dort entdeckte er seine Vorliebe für die italienische Küche und wurde ein Freund von Makkaroni, Spaghetti und anderen Teigwaren. Er

ging bei dortigen Köchen in die Lehre, um seine Freunde und besonders Besucher aus Rußland nach Landessitte bewirten zu können. Den Makkaroni zubereitenden Dichter beschrieb einer seiner Gäste so:
„Vor der Schüssel stehend, goß er zunächst eilig ziemlich viel zerlassene Butter zu und wendete mit zwei großen Saucenkellen die Makkaroni, salzte und pfefferte nach, gab schließlich Käse hinzu und rührte weiter um. Als der schmelzende Käse Fäden zog, mußten wir auf Gogols Geheiß schnell die Makkaroni auf die Teller legen. Die Makkaroni waren sehr schmackhaft. Wenn das Schicksal nicht aus Gogol einen großen Schriftsteller gemacht hätte, dann hätte er sicherlich einen Meisterkoch abgegeben."

Makkaroni mit Erbsensauce

Olivenöl in einem mittelgroßen Topf erhitzen, feingehackte Zwiebeln und gewürfelten Speck darin glasig werden lassen. Basilikum, Dill, Salz, Pfeffer und etwa ein Pfund grüne, ausgepulte Erbsen dazugeben, mit etwas Wasser auffüllen und die Erbsen etwa 15 Minuten auf kleiner Flamme weich dünsten, dann durch ein Sieb passieren. Püree wieder in den Topf geben und süße Sahne unterrühren, mit Salz und Pfeffer abschmecken. Makkaroni zehn Minuten kochen, abtropfen lassen und in einem entsprechenden Topf in Butter schwenken, in eine Schüssel geben, mit geriebenem Parmesankäse bestreuen und dazu die Erbsensauce reichen.

Für Tschechow zu still

Einen vielseitigen Entwicklungsweg als Arzt, Humorist, Novellist und Dramatiker nahm der russische Schriftsteller Anton Tschechow. Auch er gehört zu den Verehrern der Kulebjaka. In seiner Erzählung „Sirena" legt er einem genießerischen Feinschmecker in den Mund: „Die Kulebjaka muß appetitlich sein, schamlos in ihrer Nacktheit, sie muß zum Essen verführen. Du mußt ihr mit den Augen zublinzeln, einen großen Happen abschneiden, mit den Fingern langsam darüberstreichen aus einem Übermaß an Gefühl. Du beginnst zu essen, die Butter tropft wie Tränen, die Füllung ist fettig, saftig, mit Eiern, mit Innereien, mit Zwiebeln."

Tschechow liebte Geselligkeit bei Tisch, und eine angenehme Unterhaltung war ihm ebenso wichtig wie das Essen selbst. Deshalb war er sehr verwundert, als er bei einem Besuch in Berlin im Sommer des Jahres 1904 ganz andere Bräuche kennenlernte. In einem Brief an seine Schwester Mascha schrieb Tschechow unter anderem: „Zum Mittagessen wird hier nicht gesprochen."
Doch diese Sitte gab es viel früher auch schon woanders. Bereits im 5. Jahrhundert war im Reisebericht eines chinesischen Würdenträgers aus Indien folgendes zu lesen: „Egal wieviel Gäste auch anwesend sind, erst am Ende der Mahlzeit, wenn die Hände gewaschen wurden und der Mund ausgespült worden ist, darf geredet werden." Daraus resultiert sicher auch die heute noch existierende Redensart: „Bei Tisch wird nicht gesprochen."

Ab morgen keine Suppe mehr

Der Schweizer Schriftsteller Gottfried Keller liebte einen guten Tropfen, tat aber nach Ansicht seines Arztes bereits des Guten zuviel. Er riet dem Schriftsteller, künftig seine Flüssigkeitszufuhr spürbar einzuschränken. Keller merkte sofort, worauf der Arzt hinauswollte, und antwortete scheinheilig: „Wenn es denn unbedingt sein muß, werde ich ab morgen keine Suppe mehr essen."

Ist das Kaffee oder Tee?

Als der spätere Dichter Theodor Fontane noch Apotheker in der Provinz war, zog er einmal zu einer anderen Wirtin um. Am nächsten Morgen, nach dem ersten Frühstück in neuer Umgebung, sagte er zu der Wirtin: „Geehrte Dame, wenn das, was ich jetzt getrunken habe, Kaffee war, dann bitte ich Sie ab morgen um Tee. Wenn es aber Tee war, dann bitte ich in Hinkunft um Kaffee."

Geschmack durch Geist

Eine köstliche Speise richtig zu würdigen, war für Guy de Maupassant nicht eine Frage des Geschmacks, sondern ein Privileg des Geistes. „Nur Dummköpfe sind keine Feinschmekker", behauptete der große französische Schriftsteller, „man ist Gourmet, wie man Künstler ist, wie man Dichter ist. Der sinnliche Geschmack ist ein so delikates, der Vervollkommnung fähiges und achtbares Organ wie das Auge und das Ohr. Fehlt der Geschmack, so ist man einer erlesenen Fähigkeit beraubt."
Ein andermal erläuterte Maupassant weiter, was er darunter versteht: „Man hat einen dummen Mund, wie man einen dummen Kopf hat. Denn die Fähigkeit, Speisen zu würdigen, gilt ebensoviel wie die Fähigkeit, den Qualitäten eines Buches oder Kunstwerkes gerecht zu werden."

Schonkost mit Humor

Freunde und Kollegen des amerikanischen Schriftstellers Mark Twain hatten sich gelegentlich mit seiner Pensionsmutter zu einem Ulk verbündet, indem sie ihm die Keule eines Truthahns, die täuschend ähnlich aus Holz nachgeahmt und mit Sauce begossen war, servieren ließen.
Der Verulkte, der schon Messer und Gabel zur Hand genommen hatte, machte eine Verbeugung zur Wirtin hinüber und sagte: „Ich mache Ihnen mein Kompliment, Madame, das ist das weichste Stück Fleisch, das ich bis jetzt bei Ihnen zu essen bekommen habe." Einmal war Mark Twain sehr krank und mußte eine Zeitlang im Hospital zubringen. Als er von der Krankenschwester etwas zu essen haben wollte, erhielt er lediglich einen Löffel Nährsalz. Twain, der niemals seinen Humor verlor, sagte sarkastisch: „Gegessen hätte ich jetzt, bringen Sie mir bitte nun noch etwas zum Lesen, am besten – eine Briefmarke."

Bürgerliche Küche zur Zeit der Renaissance.

Fünfzig Tassen Tee

Der englische Kriminalschriftsteller Edgar Wallace konnte sehr schnell arbeiten. Zum Beispiel hatte er in drei Wochen zwei Theaterstücke und einen Roman verfaßt. Das gelang ihm jedoch nur, wenn er wahre Ströme von Tee trank. Das wußten natürlich auch seine Verleger.

Als Wallace ein Manuskript nicht zum vereinbarten Termin vorgelegt hatte, besuchte ihn sein Verleger um die Mittagszeit und fragte: „Wann ist das Buch fertig?" Der Schriftsteller erwiderte: „Ich habe den Mörder noch nicht entlarvt. Ich brauche noch eine Zeit von fünfzig Tassen Tee, bis ich fertig bin."

Der Verleger atmete auf und stellte fest: „Gott sei Dank, dann kann ich ja heute abend einen Boten herüberschikken und das Manuskript abholen lassen."

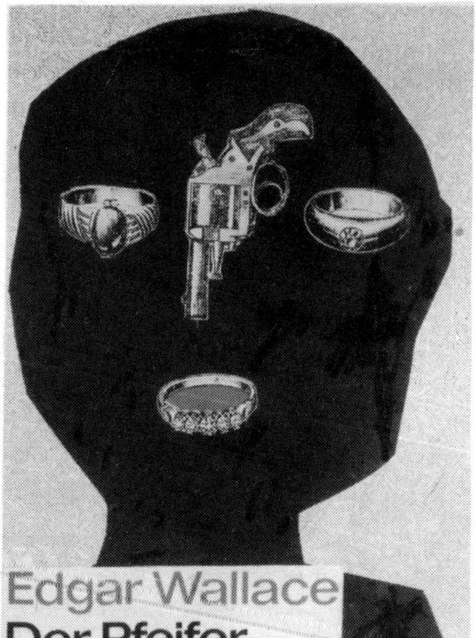

Temperament braucht Ruhe

Der irische Dramatiker George Bernard Shaw war dafür bekannt, daß er gern in guten Restaurants in aller Ruhe speiste. In einem Londoner Lokal spielte einmal die Kapelle ununterbrochen und wurde immer lauter. Shaw rief den Kellner und fragte ihn, ob die Musiker auch etwas nach Wunsch der Gäste spielen würden. „Selbstverständlich", versicherte eilfertig der Kellner, „was sollen sie denn spielen?"
„Bridge oder Domino, das ist mir ganz gleich, nur möchte ich endlich in Ruhe essen", entgegnete Shaw.

Während eines längeren Aufenthalts auf der Insel Madeira speiste Shaw auch mit einem Amerikaner, der alles schlecht fand, was von den Britischen Inseln stammte. Als ihm eines Tages englisches Bier serviert wurde, lehnte der Amerikaner das mit den Worten ab, englisches Bier sei das abscheulichste Getränk der Welt.
Empört sprang der temperamentvolle Ire auf und schrie den Amerikaner an: „Was? Keine Ahnung haben Sie! Trinken Sie doch erst mal unseren Kaffee!"

In die falsche Kehle geraten

Bei einem geselligen Beisammensein bestellte sich der schwedische Dramatiker August Strindberg nach dem Essen einen Kognak. Aus Versehen stellte der Kellner das Glas so auf den Tisch, daß Strindbergs Nachbarin annehmen mußte, es sei für sie bestimmt, und trank es aus. Der Dichter begann laut zu husten. Die Dame fragte mitfühlend: „Sind Sie verkühlt?" „Das nicht", antwortete er, „ich mußte nur husten, weil der Kognak in die falsche Kehle geraten ist."

Genüsse aus der Phantasie

Der französische Schriftsteller Honoré de Balzac liebte gutes Essen zu allen Zeiten seines Lebens, befand sich aber permanent in finanziellen Schwierigkeiten. In solchen Situationen half ihm seine blühende Phantasie weiter. Wenn es gar so arg um seine Kasse stand, setzte er sich an den Tisch und zeichnete die Umrisse von Schüsseln und Tellern auf ein Blatt Papier und schrieb die Namen von auserlesenen Speisen hinein. Träumerisch aß er dann trockenes Brot und trank Wasser dazu.

Berühmte Köche und Köche berühmter Herren

Rache an den Türken

Als die Türken im Jahre 1683 bei Wien durch den polnischen König Jan III. Sobieski vernichtend geschlagen worden waren, wollte sich der Wiener Bäckermeister Peter Wendler auf seine Art, durch gezielten Spott, an den verjagten Feinden rächen. Er buk und verkaufte von jetzt an ein Hefegebäck, dem er die Form von türkischen Halbmonden gab.

Den Wienern aber gefielen die neuen Brötchen, und sie gaben ihnen den Namen „Kipferl", bis heute ein beliebtes Frühstücksgebäck, das aber auch bei anderen Gelegenheiten gegessen wird, an der Donau. In anderen Breiten sind sie eher als „Hörnchen" bekannt.

Kränkung nicht verziehen

Auch für einen Küchenmeister ist nichts kränkender als die Mißachtung seiner Künste. Der Leibkoch des Marquis von Wellesley kündigte seine Stellung nur deshalb, weil sein Herr das von dem Koch pünktlich angerichtete Menü oft länger als eine Stunde unbeachtet auf dem Tisch stehenließ, bevor er sich die Zeit zum Essen nahm. Dem Kochkünstler blutete das Herz, wenn er mit ansehen mußte, wie der Marquis die erkalteten Speisen verzehrte.

Selbst eine in Aussicht gestellte Zulage und eine Altersrente (für damalige Zeiten ein großzügiges Angebot) sowie die eindringlichen Bitten seines Herrschers konnten den verärgerten Koch nicht erweichen. Man kann daraus die Erkenntnis gewinnen, wer sich den Koch warm halten will, darf seine Speisen nicht kalt werden lassen.

Der Koch.

Ich bin ein Koch/für erbar Gäst/
Kan ich wol kochen auff das best/
Reiß/ Pfeffer/ander gut Gemüß/
Vögel/Fisch/Sültzen/reß vnd süß/
Für den Bauwren vnd Handwercksmann/
Hirß/Gersten/Linsen/Erbeiß vnd Bon/
Rotseck/Würst/Suppen/Rübn vnd Kraut/
Darmit sie auch füllen jr Haut.

Ein König in der Küche

Ludwig XV. von Frankreich gehörte zu jenen Feinschmekkern, die selbst gerne kochen. Sein Leibkoch Montier, ein Meister seines Fachs, hatte neben seiner normalen Ausbildung noch Medizin und Biologie studiert, um in der Küche unschlagbar zu sein. Bei ihm nahm der Monarch Unterricht in der Kochkunst.
Der König machte dabei solche Fortschritte, daß ihn eines Tages ein neu angekommener Koch, der ihn in der Küche antraf, für einen Kollegen hielt und ihn, ganz im Vertrauen, fragte, wieviel Gehalt er bekomme. Welche Folgen das für den vorwitzigen Koch hatte, ist nicht bekannt.

Selbstmord

François Vatel, der Chefkoch des französischen Feldherrn Louis II. Bourbon, Herzog von Condé, ging die Berufsehre sehr zu Herzen. Bei der Vorbereitung eines Festessens für den bevorstehenden Besuch des Königs und seines Gefolges im Jahre 1671 mußte Vatel mit Entsetzen feststellen, daß der Braten nicht für alle gedeckten Tische reichte. Panik befiel ihn, und fast kopflos rief er aus: „Ich habe meine Ehre verloren!"
Doch damit nicht genug, am nächsten Morgen kam es noch schlimmer. Vatel kontrollierte die Fischmengen für das Festbankett. Er fragte den Fischhändler, der gerade mit einer Lieferung eingetroffen war: „Ist das alles?" Dieser bejahte, denn er wußte nicht, daß noch zwei weitere Sendungen von anderen Lieferanten unterwegs waren. Vatel, der nun seine Ehre endgültig verloren glaubte, konnte diese Schmach nicht verwinden, stürzte ins Haus, zog einen Degen und durchbohrte sich auf der Stelle.
Von französischen Küchenmeistern wird diese Begebenheit nicht gerne wiedergegeben, weil sie eine andere Auffassung von ihrer Standesehre haben. Danach muß ein guter Koch immer in der Lage sein, ein verunglücktes Menü, koste es was es wolle, zu retten.

Salatkompositionen

„Comte de Salade“ nannte man respektvoll den Franzosen Gaudet in der Londoner Gesellschaft am Ende des 18. Jahrhunderts. Unter geistreichen Gesprächen entwickelte er vor den Augen der Gäste phantasievolle Salatkompositionen, die in der britischen Adelsgesellschaft bis dahin völlig unbekannt waren, nun aber durch Gaudet zum großen Schlager wurden.
Mit dem Ansehen des Salatkünstlers stiegen auch sein Einkommen und sein Einfluß; er fuhr nur noch in der eigenen Kutsche und mit Diener von Diner zu Diner. Als sich der Herzog von Devonshire mit Gaudet zerstritt, fehlten auf seinen Gesellschaften nicht nur die köstlichen Salate, sondern es blieben auch viele Gäste aus.
In Europa waren zu Beginn des 18. Jahrhunderts erst wenig Salatrezepte bekannt, doch in Frankreich wurden sie schnell „hoffähig“. Salatmischer erhielten am französischen Hof den Rang von Hofbeamten und wurden für besonders gelungene Mischungen mit Orden geehrt.

Salat Café de Paris

Aus Öl, Weinessig, Pfeffer und Salz eine einfache Vinaigrette-Sauce bereiten, Kopfsalat darin anmachen und in der Mitte der Salatschüssel hoch anhäufen. Gekochte Hühnchenbrüste in dünne Scheiben schneiden und fächerartig darauf anrichten. Alles mit einer dünnen Schicht fast flüssiger Mayonnaise bestreichen. Ein in Vinaigrette mariniertes Kopfsalatherz obenauf setzen. Rundherum Streifen von Anchovis-Filets, entkernte grüne Oliven und geviertelte, hartgekochte Eier anlegen.

Ministergehalt für einen Koch

Das Gehalt wie ein Minister bezog der französische Mundkoch Noël von Preußenkönig Friedrich II. in Sanssouci. Kein Wunder, immer wieder ersann er für den Alten Fritz neue Köstlichkeiten. Als der Küchenchef wieder einmal eine vortreffliche Pastete auf den Tisch gezaubert hatte, rühmte der König den feinen Geschmack und fügte hinzu:
„Lieber Noël, wenn Er mir noch mehr dergleichen vorsetzt, fürchte ich, mich durch Völlerei zu versündigen, und wir beide kommen am Ende noch in die Hölle."
Noël entgegnete schlagfertig: „Macht nichts, Majestät, alle Welt weiß doch, daß wir zwei das Feuer nicht scheuen."
Der König revanchierte sich mit einer seltenen Ehrung. Die köstliche Schinkenpastete wurde nach seinem Mundkoch benannt. In der Regel war es umgekehrt, denn meistens schmückten die Namen von Königen, Fürsten und anderen Würdenträgern die auserlesensten Speisen.

Schinkenpastete à la Noël

Aus Weizenmehl, Butter, saurer Sahne, einem ganzen Ei und etwas Wasser einen geschmeidigen Teig kneten, in vier Stücke schneiden und dünn ausrollen. Gekochten Schinken durch den Wolf drehen, mit feingehackten Zwiebeln, süßer Sahne, Eiern, Salz, Pfeffer und Muskat gut vermengen. Eine Springform einbuttern, mit einer Teigplatte auslegen und die Füllung etwa fingerdick darauf geben. Dieser Vorgang wird mehrmals wiederholt, zuletzt eine Teigplatte obenauf legen und mit zerlassener Butter bestreichen. Nun die Pastete in den vorgeheizten Ofen schieben und bei 250 Grad etwa eine Stunde backen. Kann kalt oder warm serviert werden, zuvor aber mit grünem Salat garnieren.

Pojarski überlistete den Zaren

Zur Zeit der Schreckensherrschaft des russischen Zaren Nikolaus I. hielt die Kutsche des Monarchen bei einer Reise durch das Land im Städtchen Ostaskowo, völlig unangemeldet, vor dem Gasthaus von Fjodor Fjodorowitsch Pojarski. Unter Androhung schwerster Strafen verlangte der Adjutant, daß dem Zaren binnen kürzester Zeit zwei Kalbskoteletts serviert werden.
Da den verarmten Wirtsleuten aber nur ein paar Hühner zur Verfügung standen, machte Not erfinderisch. Pojarski hackte einige Hühnerbrüste ganz fein, wickelte die Masse um einen kleinen Knochen, brachte sie in Form von Koteletts, wälzte sie in Ei und Semmelmehl und ließ sie in heißem Fett goldbraun werden. Der Zar lobte diese Speise, der ehrliche Gastwirt gestand aber seine List ein. Dennoch erhielt er eine Belohnung, und das Hühnerkotelett trägt seitdem den Namen Pojarskis.

„Fliegende“ Pasteten

Der große Lehrmeister der klassischen französischen Kochkunst Marie Antoine Carême erfand ungewollt eine hohe, runde, mit pikanten Ragouts gefüllte Blätterteigpastete. Damit hat es folgendes auf sich: Als Carême wieder einmal kleine Pasteten zubereiten wollte, nahm er statt des üblichen Pastetenteigs einen gehaltvolleren Blätterteig und schob daraus geformte Ringe in den Backofen.
Sein Gehilfe, der bald darauf hineinschaute, um nachzusehen, was aus dem Gebäck wird, rief erschrocken: „Maitre, il vole au vent!“ (Meister, sie fliegen in die Luft!). Aus dem flachen Teig waren hohe Türme geworden. Carême erntete für diese Produkte großen Beifall und nannte sie nach dem Ausspruch seines Gehilfen „Vol au vent“.

Kaninchen mit Kognak

Georges Auguste Escoffier, der Begründer der modernen französischen Küche, verbrachte sieben Jahre seines Lebens bei der französischen Armee. Bei Ausbruch des Deutsch-Französischen Krieges 1870 wurde er Küchenchef im Hauptquartier der Rheinarmee in Metz. Dank seines Einfallsreichtums meisterte Escoffier manche peinliche Situation.
Da ihm einmal keine anderen Nahrungsmittel zur Verfügung standen, besorgte er sich bei einem Bauern zwei Kaninchen, die in der gehobenen Küche gewöhnlich nicht verwendet wurden, und „veredelte" sie mit anderen, gerade zur Verfügung stehenden Zutaten. Der Erfolg war beeindruckend.

Kaninchenbraten à la Escoffier

Ein oder zwei Kaninchen (je nach Größe) in Portionsstücke zerteilen, in heißem Fett bräunen, salzen und pfeffern, feingehackte Zwiebeln dazu geben und hellgelb Farbe nehmen lassen. Nun je ein Glas Weißwein und Kognak dazugießen und alles zusammen etwa zwanzig Minuten auf kleiner Flamme garen. Den Fond für eine Sauce etwas binden. Als Beilagen eignen sich frische Salate und Petersilienkartoffeln.

Escoffier diente nicht nur den Herren des eigenen Landes, er stellte seine Kochkunst auch in fremde Dienste. Im Jahre 1906 bat der deutsche Kaiser Wilhelm II. anläßlich seines Besuches auf dem Hapag-Dampfer „Amerika" darum, daß der französische Kochkünstler an diesem festlichen Tag der Küche vorsteht. Escoffier nahm an und be-

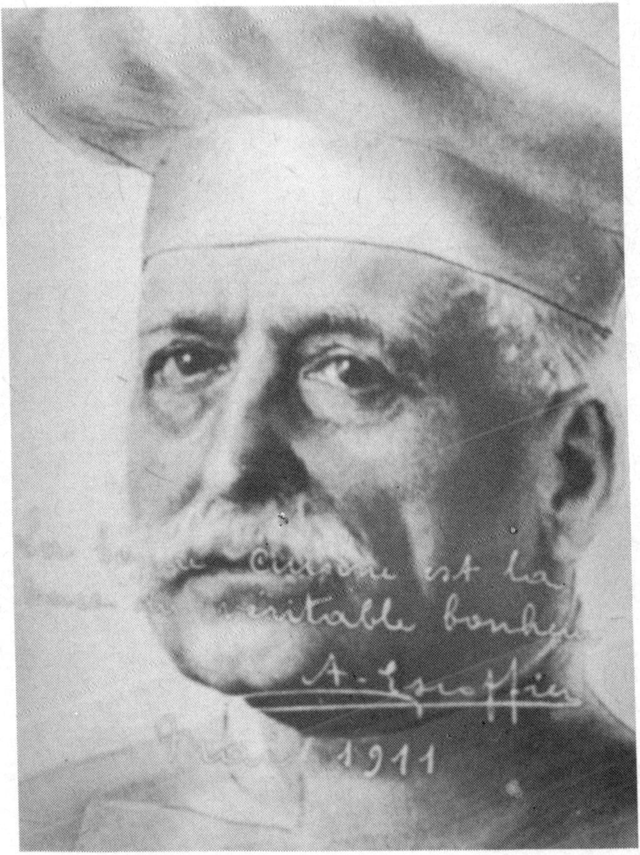

Georges Auguste Escoffier

zauberte durch einige gelungene Proben seines Könnens. Nach dem Essen gratulierte ihm der Kaiser zu dem hervorragend gelungenen Diner mit den Worten: „Escoffier, Sie sind wirklich der Kaiser aller Chefs!"
Der große Meister antwortete schlagfertig: „Und Sie, Majestät, sind fraglos der Chef aller Kaiser!"

Während seiner Tätigkeit im Claridge-Hotel in London begeisterte sich Escoffier für Nellie Melba. Nach einem Besuch im Covent Garden Opera House, wo die australische Sängerin mit großem Erfolg auftrat, schuf Escoffier ihr zu Ehren ein vorzügliches Dessert: Pfirsiche auf Vanille-Eiskrem, serviert zwischen den aus Eis geschnitzten Flügeln eines Schwans, mit gesponnenem Zucker und Himbeerpüree überzogen. Das nannte er Pfirsich Melba. Später gab der französische Küchenmeister auch einem von ihm kreierten Lendenbraten die Beifügung à la Melba.

Lendenbraten à la Melba

Rindslende in eine Kasserolle auf kleingeschnittenes Wurzelwerk legen, mit zerlassener Butter begießen und im Ofen bei kleiner bis mittlerer Hitze zugedeckt braundünsten (poêlieren). Inzwischen gefüllte Tomaten zubereiten, Kopfsalat, Trüffel- oder Champignonscheiben in Butter dünsten. Auf einer vorgewärmten Platte das Rinderfilet mit den übrigen Zutaten anrichten und Kraftsauce mit Portwein darübergießen. Dazu gibt es gebackene Kartoffeln und einen roten Burgunder.

Gesundheit geht durch den Magen

Die Uhr im Kochtopf

Der englische Physiker Isaac Newton vergaß über seiner Arbeit alles andere, auch das Essen und Trinken. Als er wieder einmal nicht zum Frühstück erschien, brachte ihm seine Frau einen Topf mit Wasser und ein Ei in das Arbeitszimmer. Sie nahm Newtons Uhr, legte sie neben das Ei und sagte: „Hier liegt das Ei und hier die Uhr. Koche das Ei drei Minuten!" Dann ging sie wieder hinaus.
Nach einiger Zeit kehrte die Frau zurück und erblickte Newton am Tisch sitzend. Daneben stand der Topf auf dem Ofen. In der linken Hand hielt Newton ein Buch, in der rechten das Ei, und im Topf kochte – die Uhr.

Drastische Heilmethoden

Zu drastischen Heilmethoden griff zuweilen der berühmte Berliner Arzt Ernst Ludwig Heim. Schon in jungen Medizinerjahren, noch als Student, flößte er einem Studienkollegen, dem dessen übervorsichtiger Arzt jede körperliche Bewegung untersagt hatte, eine ganze Flasche Wein ein und jagte ihn anschließend in scharfem Galopp um die alten Schloßgräben in Halle. Die Wirkung war verblüffend: ein gesundheitsfördernder Schweißausbruch belebte die ins Stocken geratenen Körperfunktionen des Patienten wieder.

In Heims Zeit als Stadtphysikus von Spandau kam 1776 der mehr als korpulente Rittergutsbesitzer von Rhedern, der sich sehr wichtig tat, zu ihm. Nach der Diagnose: „Fettherz, Behinderung der normalen Blutzirkulation und des Stoffwechsels! Das bedeutet also Kurzatmigkeit, Beklemmung, Schwindelgefühl, Darmträgheit, Herzklopfen, Neigung zu übermäßigem Schwitzen, Mattigkeit und

Schwächezustände", rief der Gutsherr entsetzt aus: „Sind Sie ein Hexenmeister? Stimmt alles haargenau!"
Die Arroganz von Rhederns fiel gänzlich in sich zusammen, als ihm Heim eine Diät mit Obstsäften, Quark, Leinsamentee, Lauchgemüse, Sauerkraut, geriebenen Mohrrüben, frischem Blattsalat und Radieschen verordnete.

Eine überspannte Oberhofrätin, die fortwährend an Migräne litt, mäkelte ständig an den von Heim verordneten Arzneien herum. Sie trieb alles auf die Spitze mit der Bemerkung: „Der heilkundige Schäfer von Beelitz hat mir empfohlen, eine Sauerkrautpackung auf den Kopf zu machen, was halten Sie davon, Herr Doktor?"
Heim antwortete mit todernster Miene: „Genau das Richtige für Sie, Frau Oberhofrätin, besonders wenn Sie noch eine Bratwurst obendrauf legen!"

Seezunge Admiralsart

Die Seezunge in Weißwein dünsten, mit weißem Pfeffer und Salz abschmecken, mit gebackenen Austern und Muscheln sowie in Butter gedünsteten Champignonköpfen oder Trüffelscheiben umlegen. Weiße Fischgrundsauce und Champignonfond verrühren, mit Eigelb und Schlagsahne binden, zum Schluß mit Krebsbutter aufschlagen, aber nicht mehr würzen. Diese normannische Sauce über den fertigen Fisch gießen.

Portwein oder Ehebruch?

Zu einer Tischrunde, die regelmäßig von dem britischen Naturwissenschaftler Thomas Henry Huxley einberufen wurde, brachte jemand einen Gast mit, einen notorischen Antialkoholiker. Als man ihm gegen Ende des Essens ein Glas Portwein anbot, entrüstete er sich: „Lieber würde ich Ehebruch begehen, als ein Glas Portwein trinken!"
Für einen Augenblick herrschte Schweigen, bis der Gastgeber sagte: „Wer würde das wohl nicht?"

Wie sehr die Engländer den Portwein schätzen, brachte George Meredith in seinem Roman „Der Egoist" durch folgenden Vergleich zum Ausdruck: „Auch Rheinwein verträgt Alter. Ich habe ganz alte Rheinweine gekostet. Ihre Blume ist ein vielstimmiges Bachgeriesel; sie haben auch Tiefe. Aber Portwein ist der Senior von allen. Portwein hat Tiefsee-Tiefe!"

Engel zu Pferde

Diese englische Spezialität mit dem ausgefallenen Namen »Angels on horseback« war an der Tafel des Naturwissenschaftlers Huxley sehr beliebt. Frische Austern werden in Wasser erhitzt, bis sie steif sind, dann gut abtropfen lassen. Dann jede Auster in eine Scheibe Frühstücksspeck wickeln, je vier Austern auf ein Spießchen stecken, grillen, auf mit Butter bestrichenem Röstbrot anrichten und leicht mit Cayennepfeffer bestreuen.

Die Berliner Charité um 1830, Wirkungsstätte namhafter Mediziner über drei Jahrhunderte.

Der Degen oder die Rübe

Der Berliner Apotheker Andreas Sigismund Marggraf entdeckte den Zucker in der Runkelrübe, und der Chemiker Franz Carl Achard stellte 1796 in Kaulsdorf bei Berlin den ersten aus Rüben gewonnenen Zucker her. Das war ein bedeutender Erfolg gegen Napoleons Kontinentalsperre, die Preußen vom Rohrzuckerimport abgeschnitten hatte. Die Erfindung Achards wurde schnell bekannt.

Auf einem Bankett in Berlin trat Generalfeldmarschall Blücher zu dem Wissenschaftler und machte ihm das Kompliment, wahrscheinlich sei er kein schneidiger Kavallerist, bestimmt aber ein ausgezeichneter Chemiker.

„Jeder wie er't kann, Exzellenz. Eener macht et mit'm Dejen, der andre mit der Rübe", antwortete der geborene Berliner Achard doppelsinnig. Doch trotz aller Hochachtung, die man ihm entgegenbrachte, dauerte es noch Jahrzehnte, bis überall Zuckerfabriken entstanden und aus dem Zucker ein volkstümliches Nahrungsmittel wurde.

Kein Halbbitter im Angebot

Der Berliner Chirurg Prof. Dr. Sperling hatte einem Schriftsteller die Gallenblase herausgenommen. Drei Tage danach bekam der Patient eine Dosis Bitterwasser, wie das damals in solchen Fällen üblich war. Über den „durchschlagenden" Erfolg beklagte sich der Literat am nächsten Tag bei der Visite: „Beinahe umgebracht hat mich der Humpen Ganzbitter."
Sperling antwortete schlagfertig: „Unser Haus führt prinzipiell keinen Halbbitter!"

Mißglückter Vortrag

Zu den zahlreichen Gästen einer Geburtstagsgesellschaft beim Marquis Etienne Vicomte de Saint Aulaire gehörte auch der bekannte Mikrobiologe Dr. Louis Pasteur. Nach dem reichhaltigen Festmahl wurde ein Korb mit frischen Trauben aufgetragen, an denen sich die Gäste gütlich taten.
Pasteur bat um ein Glas Wasser und legte einige Weinbeeren hinein. Er zeigte den erstaunten Gästen das Wasser, das sich grau gefärbt hatte, und hielt einen Vortrag über Mikroben und ihre verheerenden Auswirkungen im menschlichen Organismus. Die Gäste waren so beeindruckt, daß sie versprachen, nie wieder ungewaschenes Obst zu essen.
Vom vielen Sprechen hatte Pasteur plötzlich Durst bekommen und trank, ohne sich dessen bewußt zu sein, das Wasser, in dem er die Beeren gewaschen hatte. Die Gäste reagierten mit großer Heiterkeit. Zum Glück blieb diese Unaufmerksamkeit für Pasteur ohne Folgen.

Das Pasteur-Denkmal in Paris.

Mit dem Rotwein voraus

Einem Patienten, der an einem Magenkatarrh litt, verordnete der bekannte Wiener Mediziner Prof. Theodor Billroth, täglich eine Tasse Haferschleimsuppe zu essen und ein Glas Rotwein zu trinken. Der Patient kam nach mehreren Wochen wieder zu seinem Arzt, der ihn fragte: „Wie geht es Ihnen, und haben Sie meine Anordnungen richtig befolgt?“
„Selbstverständlich, Herr Professor“, erwiderte der Patient, „aber leider bin ich mit der Haferschleimsuppe vier Wochen im Rückstand, mit dem Rotwein aber drei Monate voraus.“

Königliches Kotelett

Für diese polnische kulinarische Köstlichkeit ein ausgeschältes Kotelettstück mit zerdrücktem Knoblauch, Salz, Pfeffer, Thymian und gemahlenem Kümmel einreiben und auf ein Stück gefettete Aluminiumfolie legen, obenauf mit etwas Pflaumenmus bestreichen und mit Champignonscheiben bedecken. Folie verschließen und alles für etwa 90 Minuten bei 200 Grad in den vorgeheizten Ofen geben. Zum Schluß die Folie öffnen, den Bratenfond abgießen und daraus die Sauce bereiten. Den Schweinerücken in Scheiben schneiden, mit Petersilienkartoffeln und jungen Buttererbsen servieren.

Personenregister

Achard, Franz Karl (1753–1821), Chemiker
Albinus, Decimus Claudius (149–197), römischer Geschichtsschreiber
Anna Amalie, Herzogin von Sachsen-Weimar (1739–1807)
Antonius, Marcus (82–30 v. u. Z.), römischer Feldherr und Staatsmann
Aristippos (435–355 v. u. Z.), griechischer Philosoph
Athenaios (um 200– ?), griechischer Dichter

Balzac, Honoré de (1799–1850), französischer Schriftsteller
Barry, Marie Jeanne Comtesse de, eigentlich Bécu (1743–1793), Mätresse Ludwigs XV. von Frankreich
Bechamel, Louis de Marquis von Nointel (? – ?), Bankier und Haushofmeister am Hofe Ludwigs XIV.
Berchet, Giovanni (1783–1851), italienischer Dichter
Berlioz, Hector (1803–1869), französischer Komponist
Billroth, Theodor (1829–1894), Chirurg in Wien
Blücher, Gebhard Leberecht von, Fürst von Wahlstatt (1742–1819)
Boleyn, Anne (1507–1536), Ehrenjungfer der Königin von England
Brahms, Johannes (1833–1897), Komponist
Brillat-Savarin, Jean Anthelme (1755–1826), französischer Jurist, Schriftsteller und Feinschmecker
Bruckner, Anton (1824–1896), österreichischer Komponist
Busch, Wilhelm (1832–1908), Zeichner und Dichter

Carême, Marie Antoine (1784–1833), Begründer der klassischen französischen Küche
Casanova, Giovanni Giacomo, nannte sich Chevalier de Seingalt (1725–1798), italienischer Abenteurer und Schriftsteller
Cellini, Benvenuto (1500–1571), italienischer Goldschmied und Bildhauer
Chateaubriand, François René Vicomte de (1768–1848), französischer Schriftsteller und Gourmet
Curnonsky, Pseudonym für Maurice Edmond Sailland (1872–1956), französischer Journalist und Schriftsteller

Devonshire, Spencer Compton Cavendish Herzog von (1833–1908)
Devrient Ludwig, (1784–1832), Schauspieler
Diderot, Denis (1713–1757), französischer Philosoph und Dichter
Diogenes von Sinope (um 412–323 v. u. Z.), griechischer Philosoph
Dionysios I. (um 430–367 v. u. Z.), Tyrann von Syrakus
Donnersmarck, Graf Henckel von (1775–1849), preußischer General
Dumas, Alexandre d. Ä. (1802–1870), französischer Schriftsteller

Eduard IV. (1442–1483), König von England
Eichendorff, Joseph Freiherr von (1788–1857), Dichter
Escoffier, Georges Auguste (1846–1935), Begründer der modernen französischen Küche

Fabry, Honoré (17. Jahrhundert), französischer Geistlicher
Fontane, Auguste Wilhelmine Friederique Charlotte (? –1843), Großmutter Theodor Fontanes
Fontane, Theodor (1819–1898), Schriftsteller und Heimatdichter
Fontenelle, Bernard de (1657–1757), französischer Schriftsteller
Franz Joseph I. (1830–1916), Kaiser von Österreich
Friedrich II., der Große (1712–1786), König von Preußen

Georg IV. (1762–1830), König von Großbritannien und Hannover
Goethe, Johann Wolfgang von (1749–1832), Dichter und Staatsmann
Gogol, Nikolai Wassiljewitsch (1809–1852), russischer Dichter

Halffenstein, Elisabeth von (16. Jahrhundert), Ehefrau von Georges de Ribeaupierre
Hamilton, Emma (1765–1815), Geliebte des britischen Admirals Nelson
Händel, Georg Friedrich (1685–1759), Komponist
Heim, Ernst Ludwig (1747–1834), Mediziner
Heinrich II. (1519–1559), König von Frankreich

Heinrich VIII. (1491–1547), König von England
Heinrich der Quade (15. Jahrhundert), Herzog auf dem Reichstag
Heliogabal, Varius Avitus Bassianus (204–222), römischer Kaiser
Herodot (484–425 v. u. Z.) griechischer Geschichtsschreiber
Holbach, Paul Thiry de (1723–1789), französischer Philosoph
Holstein, Friedrich von (1837–1909), Diplomat und Staatsmann
Hoffmann, Ernst Theodor Amadeus (1776–1822), Komponist, Zeichner und Schriftsteller
Huxley, Thomas Henry (1825–1895), britischer Naturwissenschaftler

Iwan IV., der Schreckliche (1530–1584), Zar von Rußland

Jan III. Sobieski (1629–1696), König von Polen

Karl V. (1500–1558), deutscher Kaiser, König von Spanien und mehreren anderen Staaten
Keller, Gottfried (1819–1890), schweizerischer Schriftsteller
Kleopatra (69–30 v. u. Z.), Königin von Ägypten

Leo X. (1475–1521), Papst in Rom
Liszt, Franz (1811–1886), Komponist und Musiker
Lucullus, Licius Licinus (um 117–57 v. u. Z.), römischer Feldherr und Feinschmecker
Louis II. Bourbon (1621–1686), Herzog von Condé
Ludwig XIV. (1638–1715), König von Frankreich
Ludwig XV. (1710–1774), König von Frankreich

Marggraf, Andreas Sigismund (1709–1782), Apotheker und Chemiker
Maupassant, Guy de (1850–1893), französischer Schriftsteller
Maximus, Valerius (1. Jahrhundert), römischer Geschichtsschreiber
Medici, Katharina von (1519–1589), Gattin Heinrichs II. von Frankreich

Melba, Nellie, eigentlich Helen Porter Armstrong (1861–1931), australische Sängerin
Meredith, George (1828–1909), englischer Schriftsteller
Metellus, Quintus (? –115 v. u. Z.), römischer Statthalter
Milo von Kroton (? – ?), berühmer Ringkämpfer bei den Olympischen Spielen der Antike
Montagu, John, 4. Earl of Sandwich (1718–1792), Erster Lord der britischen Admiralität
Montaigne, Michel Eyquem Seigneur de (1533–1592), französischer Historiker und Schriftsteller
Montfort, Graf Haug von (15. Jahrhundert), Pfalzgraf von Tübingen und Bregenz

Napoleon I., Bonaparte (1769–1821), französischer Feldherr und Kaiser der Franzosen
Nelson, Horatio (1758–1805), britischer Admiral
Nero, Claudius Drusus Germanicus (37–68), römischer Kaiser
Newton, Isaac (1643–1727), englischer Physiker
Nikolaus I. (1796–1855), Zar von Rußland

Paganini, Niccolo (1782–1840), italienischer Pianist und Komponist
Pasteur, Louis (1822–1895), französischer Arzt und Mikrobiologe
Paul, Jean, eigentlich Johann Paul Friedrich Richter (1763–1825), Schriftsteller und Dichter
Peter I., der Große (1672–1725), Zar von Rußland
Petronius, Arbiter Gaius (? –66), römischer Schriftsteller
Plinius der Jüngere (61–113), römischer Schriftsteller

Radetzky, Johann Josef Wenzel Graf von (1755–1858), österreichischer Feldmarschall
Reger, Max (1873–1916), Komponist und Hofkapellmeister
Ribeaupierre, Georges de (16. Jahrhundert), Graf auf der gleichnamigen Burg
Rohan, Charles de, Fürst von Soubise (1715–1787), französischer Marschall
Rossini, Gioacchino (1792–1868), italienischer Komponist und Kochkünstler
Rothschild, James (eigentlich Jakob), Baron (1793–1868), Begründer des Pariser Bankhauses „Rothschild Frères“

Saint-Aulaire, Louis Clair Beaupoil Graf von (1778–1854), französischer Diplomat
Sandrock, Adele (1864–1937), Schauspielerin
Seneca, Lucius Annaeus (4. v. u. Z.–65), römischer Philosoph und Staatsmann
Shaw, George Bernard (1856–1950), irischer Dramatiker
Sperling, Arthur (1860–1923), Mediziner
Stanislaw Leszyzyński (1677–1766), König von Polen
Strindberg, August (1849–1912), schwedischer Dichter

Tiberius, Glaudius Nero (42. v. u. Z.–37), römischer Kaiser
Troy, Jean François de (1679–1752), französischer Maler
Tschechow, Anton Pawlowitsch (1860–1904), russischer Schriftsteller
Twain, Mark (1835–1910), amerikanischer Schriftsteller

Vatel, François (1631–1671), Küchenchef des Herzogs von Condé
Veronese, Paolo, eigentlich Caliari (1528–1588), italienischer Maler
Verus, L. Aurelius (130–169), Mitregent des römischen Kaisers
Voltaire, eigentlich François Marie Arouet, (1696–1778) französischer Schriftsteller und Philosoph

Wallace, Edgar (1875–1932), englischer Kriminalschriftsteller
Weber, Carl Maria von (1786–1826), Komponist
Wellesley, Marquès Richard Colley, Earl of Mornington (1760–1842)
Wendler, Peter (17. Jahrhundert), Wiener Bäckermeister

Zelter, Carl Friedrich (1758–1832), Komponist

Rezepteregister